Inhalt

Irgendwann fängt die Freude an

Licht in der Dunkelheit – Warten auf Weihnachten

Für Papa von Dorothea

Von Weihnachtswünschen und Weihnachtsgeschenken
Vom Schenken und Beschenktwerden

Steffen und der Nikolausstiefel

Weihnachtliches Brauchtum vom Barbaratag bis zum Dreikönigstag

Die beiden Weihnachtsesel

Weihnachtslegenden

* = Gedicht

Vorwort

„Weihnachten im Kindergarten“, meine erste Sammlung zu diesem Themenbereich, wurde inzwischen jedes Jahr in so vielen Kindergärten und Grundschulen immer wieder herangezogen und in die eigene Praxis umgesetzt, daß der Wunsch nach neuen Angeboten entstand.

So bietet dieser zweite Band mehr als 70 neue Geschichten und Gedichte zu Advent und Weihnachten. Texte, die speziell für diese Sammlung von so bekannten Autoren wie Gudrun Pausewang, Max Bolliger, Rudolf Otto Wiemer, Roswitha Fröhlich, Rainer Hohmann und vielen anderen geschrieben wurden und jetzt nur darauf warten, entdeckt zu werden.

Die Geschichten berichten vom adventlichen Hoffen und Warten, vom Schenken und Beschenktwerden, sparen aber auch bewußt kindliche Kümmernisse, Enttäuschung und Verlassenheit nicht aus. Einige Texte gehen auch noch über die Weihnachtszeit hinaus, z.B. „Wer lebt am längsten“ und die Geschichten zum Dreikönigstag. Auch Märchenhaftes wird in einigen Texten vorgestellt. Allen Geschichten ist eine kurze Inhaltsangabe vorangestellt. Am Ende findet man Vorschläge zum Einsatz des jeweiligen Textes sowie Anregungen zur Umsetzung in vielfältiger Weise. Bei der Erarbeitung der Geschichten wird deutlich werden, daß viele der neuen Inhalte darauf warten, in ein Rollenspiel, in darstellende Spiele mit Puppen und anderen Figuren, in Schattenspiele und in das Tischtheater umgesetzt zu werden.

Geplant ist als dritter Band zum Themenbereich Advent/Weihnachten eine Sammlung von Spielen und Spielliedern.

Irgendwann fängt die Freude an

Licht in der Dunkelheit

Warten auf Weihnachten

Irgendwann fängt die Freude an

Die Kinder erfahren im Kindergarten, daß wirkliche Weihnachtsfreude bereits lange vor Weihnachten anfangen kann.

Einmal hatte Frau Tauscher im Kindergarten einen Einfall, der die Kinder sehr verwunderte. Es war in den letzten Tagen des Novembers, und die Adventszeit hatte noch nicht einmal begonnen. Da stellte Frau Tauscher, als sie alle rundherum im Morgenkreis saßen, plötzlich mitten in den Kreis die Weihnachtskrippe. Den Stall mit Maria und Josef und dem Kind. Dazu noch ein paar Hirten und natürlich auch die drei Könige.

„Wir haben doch noch nicht Weihnachten!" sagte Schulzes Arno und lachte laut. Frau Tauscher aber antwortete ganz ruhig: „Aber der Weg bis Weihnachten hat schon längst angefangen!" Dann setzte sie sich wieder zu den Kindern in den Kreis und sagte überhaupt nichts mehr.

Die Kinder wunderten sich immer mehr. Sie überlegten und sagten laut heraus, was sie dachten: „Warum stellt Frau Tauscher jetzt die Krippe in den Kreis?" – „Das ist aber komisch!" – „Ich verstehe das auch nicht!" – „Es ist doch nicht Weihnachten!"

Und Hölzenbeins Annemarie, die immer sehr lange überlegte, bevor sie überhaupt etwas sagte, meinte schließlich: „Die Frau Tauscher hat sich bestimmt etwas dabei gedacht!" Da mußte sogar die Frau Tauscher lachen und mit dem Kopf nicken.

„Ja!" sagte sie. „Es ist noch lange hin bis Weihnachten. Aber es gibt so vieles, was uns heute so wichtig ist, daß wir es nicht bis Weihnachten aufschieben wollen." Sie sah sich in der Runde um. „Jeder von uns hat Wünsche", sagte sie dann. „Mancher ist heute ganz besonders froh. Ein anderer ist traurig." Frau Tauscher zeigte mit ihrer ausgestreckten Hand auf die Krippe. „Genauso war es auch damals, als Gott sein Kind zur Welt schickte. Da mußten die Leute auch sehr, sehr lange warten. Viel länger als von November bis Weihnachten. Aber Gott hatte ihnen dieses Kind versprochen. Und so warteten sie darauf."

Dann stand Frau Tauscher auf, ging in den Kreis hinein und legte einen kleinen Ring auf den Boden vor die Krippe. Einen Ring aus Silber, der nur so glitzerte und blinkte.

„Als ich so alt war wie ihr, hat meine Mutter mir den Ring geschenkt!" sagte Frau Tauscher. „Ich habe ihn lange getragen. Aber irgendwann habe ich ihn abgezogen und dann vergessen. Gestern abend habe ich den Ring beim Kramen wiedergefunden. Ich habe mich so darüber gefreut! Und von meiner Freude lege ich jetzt etwas auf den Weg nach Weihnachten!"

Sie setzte sich wieder hin, und die Kinder freuten sich mit ihr. Müllers Karlheinz bekam ganz nasse Augen. Aber er senkte ganz schnell den Kopf, so daß es niemand merkte.

Da stand Susanne auf und legte einen roten Kugelschreiber neben den Ring. „Meine Oma ist gestern zu Besuch gekommen!“ sagte sie. „Und diesen Stift hat sie mir mitgebracht!“

Und wirklich, da freuten sich alle mit Susanne über den roten Stift, den ihr die Oma mitgebracht hatte.

Nach und nach fand jeder etwas, das er in den Kreis der Krippe legen konnte. Die einen kramten in ihren Hosentaschen, die anderen in ihrer Schublade. Sogar hinaus auf den Flur liefen einige und holten kostbare Schätze aus ihrer Manteltasche.

So kam immer mehr im Kreis hinzu. Schröders Daniel legte ein kleines Sammelbild von einem Fußballspieler hin, auf das er sehr stolz war. Petermanns Ulla hatte gestern zu Hause ein Bild gemalt, das sie sowieso heute Frau Tauscher zeigen wollte. Ein wunderschönes Bild! Rudi Koch legte seinen neuen knallgelben Bagger mitten in den Kreis. Und jeder konnte etwas dazu erzählen.

Am schönsten aber war es, als Anja ihre Schublade ausräumte und etwas fand, das keiner erwartet hatte. Anja war bereits im vorigen Jahr bei den Großen im Kindergarten gewesen. Aber als die anderen zur Schule kamen, da war Anja nicht mitgegangen. „Sie ist noch zu dumm für die Schule!“ sagten manche. Und Anja weinte.

„Sie braucht nur etwas länger!“ erklärte Anjas Mutter und tröstete sie.

„Du darfst noch ein ganzes Jahr bei mir im Kindergarten bleiben!“ sagte Frau Tauscher. „Ist das nicht herrlich?“ Und Anja konnte wieder lachen, denn sie mochte Frau Tauscher ganz besonders gut leiden.

Ausgerechnet Anja fand etwas in ihrer Schublade. Und das, was sie dort herausholte und dann herbeibrachte, das war schöner als alles andere, was bereits im Kreis lag. Schöner sogar als Frau Tauschers Silberring und Rudis neuer knallgelber Bagger. Es war eine alte, halb heruntergebrannte rote Adventskerze vom letzten Jahr. Das staunten die Kinder! Und Frau Tauscher holte schnell Streichhölzer, zündete die Kerze an und stellte sie mitten in den Kreis hinein, direkt vor die Krippe.

„Voriges Jahr war ich schon hier bei Frau Tauscher!“ sagte Anja. „Da haben wir zusammen Advent gefeiert!“

Frau Tauscher nickte. „Im Sommer sind die anderen dann weggegangen!“ sagte sie. „Da haben auch alle ihre Schubladen geleert. Nur Anja ist hiergeblieben. Und ihre Schublade hat sie auch behalten.“

„Damals war ich sehr traurig!“ sagte Anja leise.

„Und jetzt?“ fragten die anderen Kinder.

Da schaute Anja auf die leuchtende Kerze mitten im Kreis, die alles überstrahlte. „Jetzt bin ich so froh!“ sagte sie.

Die Kinder sahen zu den vielen Sachen hin, die nun rund um die Weihnachtskrippe lagen. Jeder hatte etwas dorthin gelegt.

„Frau Tauscher, das war eine gute Idee!“ meinte Kämpfers Alex später, als die Kinder alles wieder einsammelten. Er hob seinen neuen Schal auf, den er dort hingelegt hatte. Seine große Schwester hatte ihn extra für ihn gestrickt.

„Ehrlich!“ sagte der Alex und strahlte Frau Tauscher an. Rolf Krenzer

In ähnlicher Weise einen „Weg zur Krippe“ gestalten. – Hierzu Gertrud Lorenz: „Der Weg zur Krippe“, in R. Krenzer: Weihnachten ist nicht mehr weit, Lahn-Verlag, Limburg, Seite 18 – 19.

Woran ich denke

Weihnachten –

Da denke ich
an den Teddy, das Auto und die Puppenstube,
die ich mir so sehr wünsche.

Da denke ich
an das Plätzchenbacken
mit Mutter in der Küche.

Da denke ich
an den Weihnachtsmann
mit seinem langen Bart und seinem roten Mantel.

Da denke ich
an einen Tannenbaum
mit vielen Lichtern, Kugeln, Sternen und Lametta.

Und da denke ich
an Maria und Josef
und das Kind in der Krippe dort im Stall von Betlehem.

Hartmut Kulick

Überlegen und darüber sprechen, was an Weihnachten am allerwichtigsten ist.

Jan und die Krippe

Als im Kindergarten mit der sich drehenden Weihnachtskrippe und einem sentimentalen Weihnachtslied auf der Spieluhr Gefühle deutlich werden, da fühlt sich Jan so richtig fremd und einsam, weil er erst vor kurzem hierher gezogen ist. Doch die anderen Kinder helfen ihm mit ihrer Erzieherin, sich in die neue Situation hineinzufinden. Und wirklich, ein Licht der Freundschaft wird angezündet, das immer heller zu brennen beginnt.

Draußen wird es schon dunkel. Ein kalter Wind bewegt die Zweige der alten Fichte vor dem Fenster des Kindergartens hin und her. Manchmal kratzen sie an der Scheibe, und die Kinder schauen in das Dämmerlicht hinaus. Der neugierige Martin ist sogar aufgestanden und hat seine Nase an dem kalten Fensterglas plattgedrückt.

„Martin, deine Nase ist doch kein Stempel", ruft Christiane, und alle lachen. Dann ist sie selbst hingegangen und hat mit ihrer Nase auch das Glas berührt. Frau Klöckner ruft:

„Jetzt haben wir zweimal gestempelt. Nun kann die Post unsere Fensterscheibe bis nach Amerika schicken!"

Heute ist ein besonderer Tag. Die Kinder sind ganz aufgeregt und haben in der letzten Nacht kaum geschlafen. Frau Klöckner hat nämlich auf einen grünen Schrank in der Ecke gezeigt: „Den soll morgen jemand von euch öffnen!"

Keiner weiß, was in dem Schrank verborgen ist. Das ganze Jahr über ist er verschlossen geblieben, und nie hat ein Schlüssel in ihm gesteckt. Manchmal ist jemand heimlich hingeschlichen und hat vorsichtig sein Ohr an das kühle Holz gelegt.

„Hörst du etwas?" haben die anderen geflüstert.

„Nein!"

Sogar Bernd hat nichts gehört, obwohl er der Sohn vom Förster ist und nachts manchmal mit seinem Vater die Tiere belauscht. Nach zehn Minuten ist er von dem grünen Schrank zurückgekommen und hat ein feuerrotes Ohr gehabt, so angestrengt hat er gelauscht.

Doch jetzt ist es endlich soweit! Alle zappeln schon wild hin und her. Kerstin bohrt aufgeregt in der Nase.

„Kommt alle mit, ihr Zappelfrauen und Zappelmänner", lacht Frau Klöckner. Jeder will zuerst in ihrem kleine Büro sein. Dort hängen an der gelben Wand in langen Reihen viele Schlüssel dicht nebeneinander. Ein Stück weiter hängt ganz allein noch einer an einem roten Haken.

Behutsam nimmt die Erzieherin ihn herunter. Er ist voller Staub. Sven bläst seine Backen auf und pustet, so fest er kann. Jetzt ist der geheimnisvolle Schlüssel wieder blitzblank und glänzt im Licht der Lampe.

Sofort stehen sie alle wieder vor dem Schrank. Sie haben einen Halbkreis gebildet und sich hingesetzt.

„Schaltest du mal das Licht aus, Thorsten?“ bittet Frau Klöckner.

Thorsten flitzt los, so schnell er kann. Dunkel ist es im Raum und mucksmäuschenstill wie im tiefsten Wald. Sogar der fidele Holzkaspar an der Wand hält seine Arme und Beine steif ausgestreckt vor Aufregung. Nebenan tropft ein Wasserhahn in die Stille. Oliver hat seinen Arm um seine ängstliche Schwester gelegt. Draußen kratzen wieder die Fichtenzweige an der Scheibe.

„Alle Kinder bitte die Augen ganz fest schließen!“ ruft Frau Klöckner und reicht Eva den Schlüssel. Eva nimmt ihn, und ihre Hand zittert ein bißchen. Sie steckt ihn ins Schloß. Quietschend dreht er sich herum. Gleich ist es soweit! Knarrend öffnen sich die beiden Türen. Totenstill ist es jetzt!

Da fängt plötzlich ganz leise etwas an zu ticken, und es ertönt eine leise Melodie auf einer Spieluhr. „Stille Nacht, heilige Nacht“, spielt sie. Und aus dem Schrank erstrahlt ein Licht. Vierzig weitgeöffnete Augen starren auf das Wunder vor ihnen: auf rotem Samt steht eine kleine Krippe aus Holz, die sich langsam dreht. In ihr liegt fest eingewickelt in ein weißes Tuch ein kleines schlafendes Kind auf Stroh.

„Guck mal, das Jesuskind“, flüstert Tanja, und ihr Herz klopft laut dabei. „Wie schön es ist!“

Links und rechts von der Krippe knien zwei Menschen, eine Frau und ein Mann. Ein einfaches blaues Kleid hüllt die junge Frau bis zu den Füßen ein. Um ihre Hüfte ist ein grober Strick gebunden. Er hält das Kleid in der Mitte zusammen. Mit ernstem Gesicht schaut sie auf ihr Kind. Die linke Hand hat sie erhoben. Es sieht aus, als wolle sie es beschützen. Ob sie Angst vor etwas hat? Ob ihr jemand das Kind fortnehmen will?

„Die Frau im blauen Kleid heißt Maria“, flüstert Stefan. „Sie hat den kleinen Jesus geboren, hier, in diesem alten kaputten Stall. Dort oben zwischen den morschen Dachbalken sind sogar ein paar Löcher!“

„Die Hütte hat noch nicht mal eine Tür. Darin möchte ich nicht wohnen! Und alles ist so schmutzig! Wenn nur das Baby nicht krank wird. Da kann man richtig Angst bekommen, wenn man so arm ist“, meint Sabine und schaut neugierig über die Schulter.

„Ja, und der Mann mit dem grauen Filzhut und dem Stock in der Hand, das ist Josef, der Mann von Maria“, ruft Ina. „Meine Mutter hat mir erzählt, daß er Zimmermann ist. Vielleicht kann er ein bißchen Geld verdienen für Brot und Kleider und Holz. Aber ob die fremden Leute ihn haben wollen? Sie sind doch von weit her gekommen, Maria und Josef!“

Frau Klöckner erzählt den Kindern die Geschichte von Maria und Josef und von der Geburt des Christuskindes in der Stadt Betlehem.

Jan sitzt ganz hinten. Er ist zurückgerutscht und lehnt seinen Kopf an ein Tischbein. Immerzu muß er mit den Augen blinzeln, weil er die Krippe nicht deutlich sehen kann. Tränen laufen über sein Gesicht, und er schluchzt laut auf. Erst jetzt bemerken es einige von den anderen. Frau Klöckner steht auf und kniet bei ihm nieder. Dann nimmt sie ihn in die Arme.

„Was ist denn los, Jan?" rufen alle durcheinander. Doch Jan schluchzt weiter und schüttelt nur den Kopf. Frau Klöckner geht mit ihm in ihr Zimmer. Die Kinder wissen nicht, was sie tun sollen. Die Krippe macht ihnen gar keinen richtigen Spaß mehr. Auch die Schneeflocken sind nicht mehr so schön.

Langsam hört Jan im Büro zu weinen auf. Er ist erst kurze Zeit im Kindergarten. Früher haben seine Eltern mit ihm in einer anderen Stadt gewohnt. Jetzt hat Jan keine Freunde mehr und ist immer allein, schon die ganze Zeit. Das alles erzählt er. Und daß er sich so einsam fühlt wie Josef und Maria an der Krippe vom Jesuskind, die auch so allein sind in einer fremden Stadt.

Am nächsten Tag kommt Jan nicht in den Kindergarten. Da sagt Frau Klöckner:

„Zieht euch an, Kinder! Wir gehen alle zusammen zu Jan und schauen, was mit ihm los ist!"

Vor Begeisterung schreien alle laut, und schließlich stapft die ganze Schar durch den Schnee zu Jans Haus. Jeder will zuerst dasein. Drum purzeln viele hin und sehen aus wie lauter kleine Schneemänner und Schneefrauen mit roten, grünen und blauen Zipfelmützen.

Jetzt stehen sie vor Jans Haustür und klingeln. Einen Augenblick müssen sie warten, dann öffnet sich die Tür einen kleinen Spalt. Ein trauriges Gesicht ist zu sehen. Jan steht vor ihnen. Da ruft Stefan laut:

„Jan, komm mit uns in den Kindergarten! Wir wollen zusammen spielen!" Dann ist es ganz still hinter der Haustür, und Jan ist verschwunden.

Es dauert nicht lange, und er erscheint mit seiner Mutter wieder an der Tür, eingepackt wie ein Zwergenweihnachtsmann. Und das schönste ist – Jan lacht! Er gibt der Mutter noch einen dicken Kuß, und auch Frau Klöckner bekommt einen. Eilig marschieren alle wieder zurück.

Jetzt klingelt es nachmittags manchmal an Jans Haustür. Oder Jan geht selbst zu anderen Kindern in der Straße, um mit ihnen zu spielen. Jan hat viele Freunde.

Vorgestern ist ein neues Kind in ihre Gruppe gekommen und hat sich ängstlich umgeschaut. Alles ist so fremd und anders gewesen. Ganz steif hat es dagestanden und keinen Finger gerührt. Wie Jan das kleine Mädchen angeschaut hat, hat es ihm gleich gefallen. Auf ihrem rechten Hosenbein ist ein riesengroßer Marienkäfer gekrabbelt – aber kein echter, sondern einer aus Stoff. Jan hat gerufen:

„Jetzt freß ich den Marienkäfer!" Und er hat so getan, als wollte er hineinbeißen. Dabei hat er geknurrt und gebellt und fürchterlich mit den Augen gerollt, so lange, bis das Mädchen gelacht hat.

An diesem Tag war Jan ganz besonders glücklich. Nachts hat er im Bett von der Krippe geträumt und dem Kind und daß ihm alle geholfen haben, nicht mehr so allein zu sein.

Rainer Hohmann

Wir berichten von Situationen, in denen wir uns so einsam und fremd fühlten wie Jan in dieser Geschichte. Wer hat uns damals geholfen? Wie verhält sich Jan, als später wieder ein neues Kind in den Kindergarten kommt? – Warum weinen so viele Menschen an Weihnachten? – Warum fühlen sie sich dann doppelt einsam? – Wie können wir einander helfen, Kinder und Erwachsene? – Vom gegenseitigen Besuchen und Freude-bereiten... aber nicht nur in der Vorweihnachtszeit oder an Weihnachten.

Drei Flöckchen

Das ist das Märchen
Von drei schwebenden Flöckchen
In schneeweißen Röckchen:
Warn mal drei Flöckchen
In schneeweißen Röckchen
Fiel das erste
Im Kirchturm aufs Glöckchen
Ding dong
Fiel das zweite
Auf eine Harfenseite
Kling Klang
Fiel das dritte
Auf ein zerrissenes Söckchen
Schlumpf – –
Das war das Märchen
Von drei schwebenden Flöckchen

Rainer Hohmann

Mit den Fingern zeigen ... mit Klängen untermalen (die Flöckchen, das Glöckchen, die Harfensaite usw.)

Jetzt malen wir ein Weihnachtsbild

Kinder im Kindergarten malen Weihnachtsbilder. Dabei wird deutlich, daß das Wichtigste von Weihnachten eigentlich von jedem ganz anders gesehen wird. Nur Ayla aus der Türkei weiß nichts mit Weihnachten anzufangen. Aber Weihnachten muß etwas sehr Schönes sein. Das spürt sie. Deshalb malt sie etwas zu dem Zuckerfest, das am Ende der Fastenzeit in der Türkei gefeiert wird.

„Bald ist Weihnachten", sagt Frau Müller, „und darum wollen wir heute ein Weihnachtsbild malen." Die Erzieherin kann gar nicht weitersprechen, denn schon springen alle Kinder auf und rennen zum Regal. Aus ihren Kästen holen sie ihre Filzstifte, die dicken und die dünnen. Inzwischen legt Frau Müller jedem Kind einen Bogen Malpapier auf den Platz. Und schon geht es los.

Julia malt einen großen Tannenbaum mit roten Kerzen und vielen bunten Kugeln. Stefan versucht, ihn nachzumalen. Bei Melanie entsteht ein gelber Stern, der eigentlich golden sein soll. „Gelb ist wie Gold", sagt Frau Müller, und Melanie ist zufrieden.

Tobias malt einen Weihnachtsmann. Der ist so groß wie der Malbogen. Er hat einen roten Mantel an und trägt einen schweren Sack auf dem Rücken. Simons Weihnachtsmann ist etwas kleiner. Dafür zieht er aber einen Schlitten hinter sich her. Auf dem sind viele bunte Pakete.

Philipp hat ein Rennauto gemalt, ganz schnell mit wenigen roten Strichen. Mit diesem Bild läuft Philipp von Tisch zu Tisch und zeigt es jedem. „Das bekomme ich zu Weihnachten", ruft er immer wieder. Auch Miriam zeichnet einen Wunschzettel. Sie wünscht sich eine Puppe, die sprechen kann, einen Schrank für die Puppenstube, Rollschuhe und eine Tüte Gummibärchen ganz für sie alleine.

Thorsten malt seine Familie. Alle stehen vor dem Tannenbaum, links die Mutter, rechts der Vater und zwischen beiden sein großer Bruder, seine kleine Schwester und er selbst. „Wir singen gerade ein Lied", erklärt Thorsten. Auch auf Kathrins Bild sieht man eine Familie. Es sind Maria und Josef und das Christuskind. Das Christuskind liegt in einer Krippe. „Das ist so, das weiß ich noch vom letzten Weihnachtsfest", sagt Kathrin.

Nur Ayla weiß nicht, was sie malen soll. Sie kaut auf ihren Stiften, dreht das Malpapier hin und her, schaut nach links und rechts. Ayla weiß nicht, was Weihnachten ist. Ayla kommt aus einem Dorf in der Türkei. Ayla und ihre Familie sind Muslime, und Muslime feiern kein Weihnachtsfest.

Aber in Aylas Dorf werden auch Feste gefeiert. Das größte Fest ist das Zuckerfest am Ende der Fastenzeit. Dann gibt es ein Festessen, und alle Kinder bekommen Geschenke und neue Kleider. Das Zuckerfest ist für Ayla dasselbe wie für die Kinder hier das Weihnachtsfest. Daran denkt Ayla. Und plötzlich weiß sie, was sie malen will.

Hartmut Kulick

Was könnte Ayla malen? Wir hören von wichtigen Festen in anderen Ländern. Was können wir Ayla von Weihnachten erzählen?

Ursels Streichelbild

Timo wundert sich über eine Weihnachtskarte, die so ganz anders ist als die, die er sonst kennt: ein Streichelbild für blinde Kinder, das mit den Fingern ertastet werden kann.

Timos große Schwester Ursel arbeitet mit blinden Kindern. Timo fragt oft nach allem möglichen. Er kann es sich nur sehr schwer vorstellen, wie das ist, nicht sehen zu können.

Vor Weihnachten erzählt ihm Ursel davon, daß sie jeden Morgen die Kerzen am Adventskranz anzünden, zusammen singen und Weihnachtsplätzchen knabbern. Ja, das kann man mit vielen Sinnen erleben, denkt Timo. Man braucht nicht nur die Augen. Man spürt die Wärme der Kerzen und riecht den Duft des Kerzenwachses, der Tannenzweige und der Plätzchen. Und Plätzchen kann jeder genießen, mag er nun sehen können oder nicht.

Aber die vielen farbigen Dinge, die es in der Adventszeit gibt, die können blinde Kinder nicht sehen: die bunten Schaufenster, die helle Beleuchtung über den Straßen der Innenstadt, das Geschenkpapier, das mit vielen Bildern geschmückt ist, die richtig das Warten auf Weihnachten immer länger machen. „Schade!“ meint Timo. „Ich mag die Weihnachtskarten und Weihnachtsbilder so gern. All das ist nichts für deine Kinder!“

„Ich habe ihnen Adventskarten gebastelt“, sagt Ursel und sucht in ihrer Handtasche. „Schau nur!“ lacht sie und zieht eine Postkarte heraus. Sie hat sie sorgfältig in Seidenpapier eingewickelt. „Eine Karte ist übrig, die schenke ich dir!“

Neugierig greift Timo nach der Karte und betrachtet sie.

Ursel erklärt ihm, wie sie das Bild gebastelt hat. Zuerst hat sie Strohhalme aufgeschnitten und gebügelt. Dann hat sie die Strohhalme so auf die Karte geklebt, daß ein richtiges Bild entstanden ist: drei Kerzen mit kleinen Flammen an ihrer Spitze. Einen winzigen Zweig vom Lebensbaum hat sie dann gepreßt und noch auf die untere Hälfte des Bildes geklebt. Nun sieht es so aus, als wachsen die drei brennenden Kerzen auf einem grünen Zweig. Einen kleinen Strohstern hat Ursel noch darüber geklebt.

„Sie tasten die Karten mit ihren Fingern ab", erklärt Ursel. „Sie fühlen jede kleine Erhebung. Und mit ihren Fingern entdecken sie die Adventskerze, den Zweig und den Stern!"

„Ja, wenn man nichts sieht, muß man sich eben so behelfen ...", meint Timo nachdenklich und blickt zu den Weihnachtskarten neben dem Fernseher, die Mutter heute gekauft hat. Sie sollen in den nächsten Tagen noch alle geschrieben werden.

„Wir nennen so ein Bild Streichelbild", sagt Ursel leise und fährt ganz zart mit einer Fingerkuppe über die Karte. „Ich mag es mehr als die bunten kitschigen Weihnachtskarten!"

„Das ist klar!" lacht Timo. „Du hast die Streichelbilder ja auch selbst gebastelt!"

Spät am Abend, als Timo im Bett liegt und das Licht längst ausgeschaltet ist, hält er immer noch die Karte mit dem Streichelbild in seinen Händen. Wirklich, er hat entdeckt, daß er dieses kleine Bild auch im Dunkeln noch sehen kann. Ganz zart streicht er immer wieder über die aufgeklebte Kerze, den Zweig und den Stern. Und es braucht gar kein Licht zu brennen. Mit seinen Fingern allein entdeckt Timo im Dunkeln das helle Licht und den Stern, der einst über dem Stall von Betlehem gestanden hat.

Jetzt versteht Timo seine große Schwester viel, viel besser. Ja, eigentlich ist das kleine Streichelbild viel schöner als die bunten Weihnachtskarten aus dem Supermarkt.

Als er schließlich müde wird, legt er das Bild neben sich auf das Kopfkissen. Sollte er mitten in der Nacht wach werden, dann möchte er es gleich wiederfinden. Dann wird er es streicheln und sich wieder ein bißchen mehr auf Weihnachten freuen.

Rolf Krenzer

Wir schließen unsere Augen. Woran können wir jetzt noch spüren, daß bald Weihnachten ist? Was können wir fühlen, riechen, z.B. Plätzchen, Tannenzweige, Kerzenwachs, brennende, ausgeblasene Kerze. Was können wir hören: Knistern von Weihnachtspapier, Plätzchen knabbern. Wir können mit verbundenen Augen ein Quizspiel durchführen. – Wir gestalten Weihnachtskarten, die anders sind als die, die man überall kaufen kann. Wir stellen ein Streichelbild her.

Wie voriges Jahr

Wieder bereiten die Eltern alles vor, um mit ihrem geistig behinderten Kind Weihnachten zu feiern. Ob es überhaupt etwas begreift?

Der Tag wird dunkel.
Du siehst das Licht,
siehst es flackern
und verstehst es nicht.

Vielleicht weißt du,
daß irgendwann vorm Jahr
schon einmal Dunkelheit
mit Lichterglanz
im Hause war.

Du magst so gerne Spekulatius,
auch Pfefferkuchen,
den mit Zuckerguß,
gebratne Äpfel
und den Schmuck vom Baum.
Du fragst uns nicht
nach dem Warum.
Du fragst noch kaum.

Doch wir erzählen dir vom Kind,
das zu uns kam
als Licht in eine Welt,
das uns die Ängste nahm.

Du hörst uns an und hörst uns nicht.
Ein kurzes Lächeln
huscht dir über das Gesicht,
weil eine Kerzenflamme flackert,
so wie voriges Jahr
mit Pfefferkuchenmann und Tannenduft,
als Weihnacht bei uns war.

Ortfried Pörsel

Gedicht mehrmals vorlesen. Was bedeutet es, geistig behindert zu sein. Trotz einer Behinderung kann sich jeder freuen. Nur jeder zeigt seine Freude anders. Ob wir die Freude des anderen immer erkennen? Hierzu Seite 16.

Lieber Opa

In Omas Zimmer hängt ein Foto von Opa, der bereits vor vielen Jahren gestorben ist. Ein Kind macht sich Gedanken über diesen Menschen auf dem Foto, den es nie kennengelernt hat, an den es aber oft denken muß.

Lieber Opa,
ich bin die Hanni.
Du kennst mich nicht.
Dich hat jemand totgeschossen
im großen Krieg –
lange, bevor ich auf die Welt kam.

Aber ich kenn *dich!*
Ich weiß, wie du aussiehst.
Bei der Oma über dem Sofa
hängt ja dein Foto.
Oma staubt es jeden Samstag ab.
Zu Weihnachten steckt sie einen Zweig
mit Lametta dahinter,
und an deinem Geburtstag
weint sie davor.

Auch Vati hat mir von dir erzählt.
Er kann sich noch ein bißchen
an dich erinnern,
obwohl er erst fünf Jahre alt war,
als du gestorben bist.
Du hast ihn immer
auf den Schultern reiten lassen.
Und als du auf Urlaub kamst,
hast du ihm ein Holzpferdchen mitgebracht.
Das hast du in Rußland
aus einem Ast geschnitzt.

Ich seh dich oft an.
Deine Uniform mag ich nicht.
Aber du selber siehst lieb aus.
Du würdest mir doch auch ein Pferd schnitzen?
Ich hab viele Spielsachen.
Aber noch nie, nie
hat mir jemand etwas geschnitzt.

Manchmal versuche ich mir vorzustellen,
wie es wäre, wenn du neben Oma
auf dem Sofa sitzen würdest.
Das wär komisch, wirklich,
denn du siehst viel jünger aus als sie.
Aber eins ist sicher:
Sie würde dir vor Freude um den Hals fallen.
Da müßtest du vorsichtig sein:
Sie hat's mit dem Herzen.

Lieber Opa,
ich hab dir zu Weihnachten ein Bild gemalt,
ein Bild von uns allen.
Mit zwei Klebestreifen
hab ich's unten an den Rahmen
von deinem Foto gehängt.
Vielleicht bist du ja doch bei uns?
Nur, daß wir dich nicht sehen können.

Oma hat mal gesagt,
ein Mensch ist erst dann richtig tot,
wenn niemand mehr an ihn denkt.
Ich denke oft an dich, Opa.

Gudrun Pausewang

Wir sehen uns Fotos an, die unsere Eltern, unsere Großeltern als Kinder zeigen, unsere Großeltern als junge Eltern, uns selbst als Babys. Wir sprechen darüber, was sich alles verändert hat. – Weihnachten spüren viele Menschen, wie allein sie sind. Menschen, die ihnen nahe standen, sind gestorben. Die Oma ist allein, denn der Opa ist bereits vor langer Zeit gestorben. – Wir berichten von unseren eigenen Lebenserfahrungen. Was können wir tun?

Susanna aus Indien

Susanna, die aus einem fremden Land kommt, hat es manchmal schwer, sich bei uns einzugewöhnen. Wir haben es manchmal auch schwer, Susanna richtig zu verstehen. Aber manchmal gelingt es, daß wir uns einander öffnen und plötzlich etwas sehen und erkennen, was wir vorher noch nicht gewußt haben. So wie bei dem Tanz Susannas zu der Weihnachtsmusik.

Als die Eltern Susanna in einem indischen Waisenhaus abholten, war sie etwa ein Jahr alt. Aber sie konnte noch nicht sitzen und kaum etwas sprechen. Eine Woche lang gingen die Eltern jeden Tag in das Kinderheim, setzten sich an Susannas Bettchen und hielten ihr die Hand oder nahmen sie auf den Schoß, damit das Kind sie kennenlernen sollte. Sie hätten auch gern mit ihr gespielt, aber das konnte Susanna nicht. Sie lachte auch nicht, sondern schaute die Eltern mit ihren großen dunklen Augen immer nur an. Dann kam der Tag der Abreise. Sie bekamen das Kind nackt in die Arme gelegt, und Mama mußte rasch noch Windeln und Kleidung kaufen, was in der großen indischen Stadt gar nicht so einfach war.

Zu Hause warteten Peter und Cornelia schon sehr auf die kleine Schwester aus Indien. Am Anfang mußten sie alle viel Geduld mit ihr haben. Denn Susanna mußte noch so vieles lernen und sich an die neue Umgebung gewöhnen.

Es dauerte lange, bis Susanna gern aus dem Haus ging. Obwohl Mama sie warm anzog und gut im Wagen verpackte, schrie sie jedesmal aus Leibeskräften. „Der ist es sicher zu kalt bei uns", sagte Cornelia.

Es dauerte auch einige Zeit, bis sich Susanna an das Essen, das Mama ihr gab, gewöhnte. Aber bald lernte Susanna lachen, spielen, sitzen und gehen.

Heute ist sie fünf Jahre alt. Sie hat schwarze Locken und eine dunkle Haut, und alle Leute finden sie sehr hübsch. Die Eltern haben es aber nicht gern, wenn die Leute auf der Straße sich nach ihr umsehen. „Sie ist unser Kind, sie spricht und lebt wie wir. Auf die Hautfarbe kommt es doch nicht an."

Susanna sieht sich ja nicht selbst, darum weiß sie auch nicht, daß sie anders aussieht als die anderen Kinder. Nur manchmal schaut sie ihre Hände an und sagt: „Ich möchte auch gern helle Hände haben."

Am schönsten ist es für sie, wenn sie Musik hört. Sie kann nicht genug davon bekommen. Oft bittet sie Peter oder Cornelia, ihr auf der Flöte vorzuspielen. Dann hört sie atemlos zu und versucht mitzusingen.

Am Sonntag haben die Eltern die vier Kerzen des Adventskranzes angezündet. Das Zimmer ist dunkel, nur die Kerzen machen es hell.

Papa hat eine Geschichte vorgelesen, dann haben sie miteinander gesungen, und jetzt legt Mama noch eine Schallplatte auf. Alle sitzen still und schauen in das Kerzenlicht und lauschen der Musik. Da rutscht Susanna vom Stuhl und beginnt zu tanzen. Sie hüpft nicht wild herum, nein, ihre Bewegungen sind ganz leicht und zart. Sie hat ihre Augen fast geschlossen. Mama erinnert sich, indische Mädchen ähnlich tanzen gesehen zu haben. Niemand aber hat Susanna gezeigt, daß man so tanzen kann. Das kommt aus ihrem Innern. „Ihr Tanz ist wie ein Gebet", sagt Mama leise.

Mechtild Theiss

Kinder aus anderen Ländern bei uns im Kindergarten – Wir erzählen von Weihnachtsbräuchen in verschiedenen Ländern. – Wir versuchen wie Susanna zu weihnachtlicher Musik zu tanzen.

Wir sollten

Reklamen glitzern,
Schaufenster schimmern –
wir sollten uns mehr umeinander kümmern!

Unter dem Weihnachtsbaum
türmen sich Gaben –
wir sollten einander lieberhaben!

So satt zwischen Braten
und Lebkuchensternen –
wir sollten wieder abgeben lernen!

Gudrun Pausewang

Dieser Text soll uns motivieren, in unserer allernächsten Umgebung, mit unseren nächsten Freunden, Verwandten und Bekannten etwas von dem zu verwirklichen, was Jesus von uns erwartet: Einfach hingehen und etwas tun. Wir suchen nach Möglichkeiten und versuchen, sie wirklich in unser Tun umzusetzen. Gemeinsame Planung einer Gruppe.

Daß der Fred die ganze Stimmung verdorben hat!

Fred verdirbt die gemütvolle Adventsstimmung, weil er versucht, ein Bild der wirklichen Situation zu geben, in die Jesus hineingeboren wurde.

Einen so schlimmen Abend hatte es bei Stolls schon lange nicht mehr gegeben. Und das ausgerechnet am vierten Adventssonntag. Dabei hatte eigentlich alles ganz friedlich angefangen. Die kleine Margret hatte sich beschwert, daß immer noch nicht alle vier Kerzen am Adventskranz angezündet waren. Papa wollte unbedingt die Weihnachtskrippe aufstellen. Oma, Mutti und natürlich auch Fred sollten sich um Margret und Papa herumsetzen und Weihnachtslieder singen. Es sollte eben ein ganz schöner vierter Adventssonntag werden. Gleich nach dem Abendessen sollte er beginnen. Papa drängte Mama, den Tisch abzuräumen, weil er die Weihnachtskrippe bereits vom Boden heruntergeholt hatte. Und als Fred erklärte, daß er heute abend fort müsse, verbot es ihm Papa einfach. Schließlich war nur einmal vierter Advent. Und Mittwoch war bereits Heiliger Abend. Fred war sehr ärgerlich, blieb aber schließlich doch am Tisch sitzen.

Fred ist viel älter als Margret. Er ist schon sechzehn Jahre alt. Und als Papa die Krippe mit dem niedlichen Jesuskind aufgebaut hatte und mit der Maria, die so lieb schaut, und dem alten Josef, der ganz bescheiden hinter der Maria steht, da sagte Fred: „Das stimmt alles nicht, was ihr hier aufgebaut habt! Nichts stimmt. Weder die süßen Engel auf dem Dach noch die freundlichen Hirten. Nichts war so! Überhaupt nichts war so!"

„Dann erzähl du uns doch mal, wie es war!" sagte Papa und die Ader an seinem Hals schwoll an. „Du warst ja sicher dabei, damals als das Kind zur Welt kam!"

„Sie waren so arm, daß sie zu Fuß von Nazaret nach Betlehem gehen mußten!" sagt Fred. „Und der Stall war gar nicht so schön gemütlich wie hier bei uns die Krippe. Gezogen hat es von allen Seiten. Die blanke Erde, kein Fenster, das Dach morsch . . . und nichts mehr als eine Futterkrippe! Dort hinein haben sie das Kind gelegt!" Fred räusperte sich. „Da gab es noch nicht einmal einen Schluck warmen Tee für die Mutter oder einen Schnaps für Josef! Und all die süßen Weihnachtslieder haben sie damals auch nicht gesungen. Viel zu kalt war es im Stall!"

„Und die Hirten?" fragte Margret ganz aufgeregt. „Wie war das mit den Hirten?"

„Spinner waren das!" sagte Fred. „Spinner, denen kaum jemand geglaubt hat! Engel haben sie gesehen. Engel! Das läßt sich gut behaupten, wenn es niemand nachprüfen kann. Und den Hirten glaubte bestimmt nicht jeder. Mit denen wollte nicht jeder gern etwas zu tun haben. Arme Leute waren das! Hungerleider! Ebenso wie die Leute im Stall. Da roch es doch nur so nach Armut!"

Fred schnaubte. Dann blickte er auf die Krippe, die von vielen Kerzen angestrahlt wurde. Papa hatte alle Kerzen angezündet. Mama hatte duftende Weihnachtsplätzchen dazugestellt.

„Ein Märchen habt ihr aus allem gemacht!" sagte Fred und blies mit einem einzigen Atemzug die Kerzen auf einmal aus. „Ich will dieses Jahr nichts von einem Weihnachten wissen. Dieses Jahr nicht und nächstes auch nicht! Verlogen ist das alles!"

Papa schwieg. Aber es machte ihm sichtlich viel Mühe. Endlich stand er auf und holte sich ein Bier.

„Und wie ist es mit dem Singen?" fragte Margret und sah sich um. „Wir wollten doch Weihnachtslieder singen!"

„Der Fred hat uns die ganze Stimmung verdorben!" sagte Papa und goß sich Bier in ein Glas. „Ich kann doch auch nichts dafür, wenn du immer noch keine Lehrstelle hast!"

„Heute wird nicht mehr gesungen!" sagte Fred und stand auf. „Darf ich jetzt gehn?"

Papa Stoll sagte nichts mehr. Und Mama war schon längst in die Küche gegangen, um die Spülmaschine vollzuräumen.

„Früher war das ganz anders!" sagte schließlich Oma, als sie aufstand. Sie nickte Margret zu. „Komm mit, ich habe noch ein altes Bilderbuch von Weihnachten! Das war einmal das Lieblingsbuch deiner Mutter!"

Da beeilte sich Margret, alle Kerzen an der Weihnachtskrippe auszublasen. Eine einzige aber ließ sie brennen. Die trug sie ganz vorsichtig in der Hand, als sie zu Oma in ihr Zimmer ging.

Rolf Krenzer

Die Geschichte mit den vielen Weihnachtsbildern vergleichen, aber auch mit den niedlichen Figuren der Weihnachtskrippe usw. Ebenfalls mit dem vorausgegangenen Gedicht.

Weihnachtsgedanken

Weihnachtsduft.
Freude auf Erden!
Wir alle
wollen freundlicher werden.

Weihnachtslied.
Friede auf Erden!
Wir alle
wollen friedlicher werden.

Weihnachtslicht.
Liebe auf Erden!
Wir alle
wollen von heute an
zu allen liebevoller werden.

Gudrun Pausewang

Verschieden helle Glocken oder Töne auf dem Glockenspiel entsprechend dem Inhalt der drei Strophen des Gedichtes anschlagen.

Die Wunderkerze

Als die helle Wunderkerze strahlt, hat Lili auf der Bahnfahrt auch im dunklen Tunnel keine Angst mehr.

Heute ist Lili aber aufgeregt!

Und wie!!

Ganz allein soll sie die Großmutter und den Großvater besuchen! Die Großmutter und der Großvater wohnen auf der anderen Seite des Berges. Sonst fährt der Vater immer mit dem Auto über den Berg. Aber heute hat er furchtbar wichtige Sachen zu tun, und da hat er Lili gefragt:

„Sag mal, Lili, traust du dich wohl, allein mit dem Zug zu fahren?"

Und Lili hat gesagt: „Au ja!" und sich sehr groß gefühlt. Schließlich ist es ja auch nicht arg weit bis zum Großvater. Wenn nicht der Berg im Wege stände, könnte man gemütlich zu Fuß dahin spazieren.

Der Berg ist aber so hoch und so steil, daß der Zug es nicht schafft, oben drüber zu fahren. Er muß durch den Berg durch. Sie haben da einen Tunnel gebaut, eine lange Höhle von der einen Seite bis auf die andere.

Lili zeigt auf die Stelle, wo der Tunnel anfängt. „Guck mal, Papi, der Berg macht ein riesengroßes Maul auf!“

„Ja“, sagt der Vater, „aber er macht es ja nie wieder zu. Er beißt also nicht!“ Das klingt sehr beruhigend.

Der Vater setzt Lili in ein Zugabteil. Ganz allein ist sie nun aber doch nicht. Sie hat Kasimir mitgenommen. Kasimir ist ein hellblauer Rucksackbär, der sich am liebsten an Lilis Rücken anklammert.

Jetzt setzt sie ihn neben sich auf die Bank. Auch Kasimir sieht stolz aus. „Wir beide“, denkt er, „Lili und ich, wir schaffen das schon!“ Und der Vater streichelt Kasimir über den Plüschkopf und sagt: „Daß du mir gut auf Lili aufpaßt!“

Der Lili gibt er noch einen dicken Kuß, und dann muß er schnell aus dem Wagen springen, weil der Zug schon abfahren will.

Da sitzen sie nun, Lili und Kasimir, und schauen mutig nach vorne. Eben fängt der Berg an, mit seinem riesigen Maul den Zug zu verschlukken.

Lili faßt ganz fest Kasimirs Pfote an.

„Du mußt keine Angst haben, Kasimir“, sagt sie, aber es klingt ein ganz kleines bißchen zittrig. „Der Berg beißt nicht! Und außerdem sind wir ja schon beide ziemlich groß, oder?“ Und Kasimir nickt.

Es wird dunkel. Immer dunkler. Ganz, ganz dunkel!

Auf einmal ist der Zug mitten im Berg. Nirgendwo sieht man noch ein Licht, auch kein ganz kleines. Im Wagen brennt eine blaue Notlampe, aber das ist ja kein richtiges Licht. Richtiges Licht ist doch weiß oder wenigstens ein bißchen gelb, nicht?

Lili sieht in der schwachen blauen Notbeleuchtung, wie die Wände des Berges nahe am Zugfenster vorbeirutschen. Feucht und steinig und sehr dunkel sehen sie aus.

So eng ist die Höhle, durch die der Zug kriecht!

Kommt er denn jemals wieder heraus?

Ob es auf der anderen Seite vom Berg hell ist?

So hell wie zu Hause?

Lili nimmt nun doch sicherheitshalber den Kasimir auf den Schoß und drückt ihn fest an sich.

Und beide haben Angst! Ganz, ganz furchtbare Angst!!!

Das ist noch jemand im Abteil. Auf der Bank gegenüber sitzt eine Frau. Sie guckt freundlich und nickt ab und zu. Jetzt sagt sie: „Na, ihr beiden, ihr seid ja tüchtig, so allein durch den Berg zu fahren!“

Lili nickt, sieht aber lieber nicht hin.

Eine fremde Frau! Und alles so dunkel!

Die Frau fragt: „Habt ihr denn keine Angst?"

Lili steigen die Tränen in die Augen. Ganz voll sind sie schon von Tränen. Sie kann die Frau gar nicht mehr sehen, auch nicht wenn sie hinschaut. Sie hört nur, wie die ihre Tasche aufknipst und darin herumkramt. Schlüssel klappern und Geld, es raschelt und zuschelt.

Lili denkt: „Ob sie mir jetzt Kaugummi geben will? Aber ich will keinen Kaugummi, ich will nach Hause!"

Ihr fällt ein, wie sie im Kindergarten jeden Morgen betet. Sie preßt die beiden hellblauen Pfoten von Kasimir mit ihren Händen zusammen und flüstert: „Lieber Gott, mach doch, daß es bald wieder hell wird! Amen!"

Der Kasimir kriegt pitschnasse Pfoten von Lilis Angsthändchen. Und dann hört sie, wie ein Streichholz angeritscht wird und wie irgendwas knistert – und plötzlich sprühen Millionen kleiner schneeweißer Sterne vor ihr! Lili wischt schnell die Tränen aus den Augen, damit sie besser sehen kann. Ein richtiges Feuerwerk, wie neulich im Schloßpark! Aber nicht rot und gelb und grün und blau, nur weiß! Und ganz hell!

Was ist denn da los? Eine Wunderkerze?? Ja, wirklich!

Es ist wie Weihnachten.

O, wie schön! Eine Wunderkerze mitten im Berg!

Lili und Kasimir haben ganz große Augen.

„Ist denn hier jetzt Weihnachten?" fragt Lili.

„Weihnachten ist immer, wenn ein Kind keine Angst mehr hat," sagt die Frau und macht ein sehr, sehr liebes Gesicht.

„Ach, und bist du ein Engel?" fragt Lili.

Da lacht die Frau.

Und Lili? Sie singt, so laut sie kann. „O du fröhliche" und „Hänschen klein" und „Es tanzt ein Bibabutzemann" – – sie hört gar nicht wieder auf zu singen. Singen ist so gut gegen die Angst! Und der Kasimir hopst zu all den Liedern auf ihrem Schoß.

Irgendwann wird es wieder hell. Der Zug ist auf der anderen Seite herausgekommen.

Kasimir klammert sich wieder an Lilis Rücken. Er hat von all den Aufregungen noch immer feuchte Pfoten.

Auf dem Bahnsteig steht der Großvater. Lili und Kasimir springen von der obersten Stufe des Wagens direkt in seine Arme. Das haben sie oft geübt auf der kleinen Treppe vor Großvaters Haus.

„Na ihr beiden, habt ihr eine gute Reise gehabt?" fragt der Großvater.

„Ja", sagt Lili, „und denk dir, mitten im Berg war Weihnachten! Weihnachten ist nämlich immer, wenn ein Engel kommt und einem Kind die Angst wegnimmt!"

„O ja, das ist wahr", sagt der Großvater und hat ganz warme Augen. Und Lili flüstert noch schnell: „Danke, lieber Gott!"

Edith Ruppmann

Kerzen anzünden – Wunderkerzen anstecken – durch einen dunklen Raum mit einer Kerze, Wunderkerze gehen. Gesprächsimpulse: Warum zünden wir im Advent und zu Weihnachten Kerzen an? – Was meint die Frau, wenn sie sagt: „Weihnachten ist immer, wenn ein Kind keine Angst mehr hat." – Kann dann auch mitten im Sommer Weihnachten sein? – Die Geschichte in viele einzelne Situationen auflösen und daraus eine Bildergeschichte gestalten, einen Wandfries usw.

Vom allerersten Adventskranz

Der Adventskranz ist nicht viel älter als 100 Jahre – Der erste Adventskranz hing in Wicherns „Rauhem Haus" in Hamburg.

Was ein Weihnachtsbaum ist, weiß jeder. Und den Adventskranz kennen auch alle. Er hängt in der Kirche, aber auch im Kindergarten und bei uns zu Hause.

Ohne den Adventskranz mit seinen vier dicken roten Kerzen können sich viele die Adventszeit gar nicht vorstellen. Aber den Adventskranz gibt es noch gar nicht so lange.

Angefangen hat es vor über hundert Jahren in Hamburg. Hamburg ist eine große Stadt im Norden Deutschlands. Damals gab es dort viele Kinder, die keine Eltern hatten. Sie hatten kein Zuhause und bettelten auf den Straßen. Aus Not wurden manche sogar zu Dieben und zu Verbrechern und landeten im Gefängnis. In den armen Ländern ist das auch heute noch so. Leider!

Aber damals wohnte ein Pfarrer in Hamburg, der kümmerte sich um diese Kinder und Jugendlichen, besonders um die Jungen. Er baute ein großes Haus in Hamburg so um, daß er viele von der Straße dorthin holen konnte. Sie hatten einen Platz in dem Haus, schliefen dort und bekamen zu essen. Aber sie erlernten auch einen Beruf. Sie wurden Schuhmacher oder Maler, Schneider und Gärtner. So brauchten sie nicht mehr zu betteln, sondern konnten selbst ihr Geld verdienen. Dieses Haus hieß das „Rauhe Haus". Und der Pfarrer hieß Johann Hinrich Wichern.

Nun wurde im Rauhen Haus jedes Jahr im Advent eine Andacht gehalten. Dann versammelten sich alle Jungen, und Pfarrer Wichern erzählte von Advent und Weihnachten. Sie sangen auch viele Lieder. Weil aber jeden Tag eine Kerze angesteckt wurde, hieß die Andacht auch Kerzenandacht. Jeden Tag kam eine Kerze mehr hinzu.

Vierundzwanzig Kerzen standen auf einem großen Holzreifen, der an einem Kronleuchter aufgehängt war. Und jeden Abend wurde eine weitere Kerze angezündet. An Weihnachten brannten dann alle vierundzwanzig Kerzen.

Weil den Jungen dieser große Holzreifen mit den Kerzen so gut gefiel, schmückten sie ihn noch mit Tannenzweigen. So hing vor über hundert Jahren im Rauhen Haus in Hamburg der erste Adventskranz.

Viele Leute fanden diesen Adventskranz so schön, daß sie auch einen solchen Lichterkranz zu Hause haben wollten. Doch wer hat schon so viel Platz in seiner Wohnung, daß er einen Adventskranz aufhängen kann, der Platz für vierundzwanzig Kerzen hat!

So kommt es, daß auf unserem Adventskranz nur vier dicke Kerzen stehen, für jeden Adventssonntag eine.

Es dauerte aber lange, bis der Adventskranz in ganz Deutschland bekannt wurde. Erst vor rund sechzig Jahren wurde zum erstenmal in einer katholischen Kirche in München der erste Adventskranz aufgehängt.

Und heute? Heute gehört er zur Adventszeit wie der Weihnachtsbaum zum Heiligen Abend.

Rolf Krenzer

Wir binden selbst einen Adventskranz – Kerzen auf einen Holzreifen stellen und mit Tannengrün schmücken – Für jeden Adventstag eine Kerze – Verbindung Kerzenkreis zu dem heute gebräuchlichen Adventskalender aufzeigen. – Lied „Es brennt die erste Kerze“ in 100 einfache Lieder Religion, Kaufmann, Lahr + Kösel, München.

Die Geschichte von den streitenden Adventskerzen

Die Adventskerzen streiten sich, wer von ihnen zuerst brennen darf. Vor lauter Streiten bemerken sie gar nicht, daß es längst Weihnachten geworden ist.

Es waren einmal vier rote Adventskerzen. Die saßen auf einem schönen Adventskranz. Am ersten Sonntag im Advent sollte die erste Kerze brennen. Aber wer war die erste?

Die vier Adventskerzen fingen zu streiten an. Die erste sagte: „Ich bin größer als ihr. Ich darf zuerst leuchten.“

Die zweite meinte: „Ach was, ich bin röter als ihr! Ich muß zuerst angezündet werden."

Die dritte rief: „Ich habe aber den schönsten Docht von euch allen! Also darf ich zuerst brennen."

Die vierte schüttelte den Kopf: „Nein, seht mich an. Ich stehe am geradesten auf dem Kranz. Ihr seid alle krumm und schief! Deshalb möchte ich die erste sein."

So stritten die vier hin und her. Sie stritten nicht nur am ersten Adventssonntag, nein, auch am zweiten und sogar am dritten und vierten. Und sie waren sich immer noch nicht einig, wer als erste brennen sollte.

Da kam der Weihnachtsmann ins Zimmer. Er rief: „Schluß jetzt mit eurer ewigen Streiterei! Wißt ihr überhaupt, welcher Tag heute ist?"

Die vier Kerzen wußten es natürlich nicht.

„Heute ist der Heilige Abend", erklärte der Weihnachtsmann, „und da wird nicht gestritten, verstanden?"

Er nahm die Kerzen vom Adventskranz und befestigte sie auf dem Christbaum. Dann zündete er alle vier gleichzeitig an. Da waren die vier Adventskerzen plötzlich Weihnachtskerzen. Sie waren zufrieden und haben vor Freude hell gestrahlt.

Alfons Schweiggert

Das Märchen bis * vorlesen und dann erraten lassen, welche wichtigen Gründe die anderen Kerzen ins Feld führen, um als erste brennen zu dürfen. Die Kerzen können von vier Spielern dargestellt werden. Der Text eignet sich auch als Vorlage zu einem Spiel zur Weihnachtsfeier.

„. . . und wenn das fünfte Lichtlein brennt . . ."

Die ältere Schwester spielt ihrem kleinen Bruder einen wenig schönen Streich. Christian glaubt am Ende tatsächlich, daß er Weihnachten verschlafen hat, weil das „fünfte Lichtlein" brennt.

Endlich war Christian im Sommer in den Kindergarten gekommen. In die Gelbe Gruppe. Die anderen Kinder waren seine Freunde geworden und auch die Erzieherin war prima, fast so prima wie Mama.

Irgendwann im November hat die Erzieherin morgens eine dicke rote Kerze mitten in den Stuhlkreis gestellt. Sie hat die Kerze angezündet und die Deckenlampen ausgeknipst. Richtig schummrig ist es geworden und alle Kinder sind still geworden. Nur Sandra wollte kokeln – mit einem Haar, das sie sich ausgerupft hatte. Das hat ihr aber Frau Müller sofort verboten.

Schließlich hat Frau Müller ganz leise und geheimnisvoll mit Reden angefangen. „Wir feiern bald ein großes Fest! Wißt ihr . . .", hat sie gesagt und da haben schon alle Kinder laut „Weihnachten" gerufen. Das war doch klar bei all den vielen Schokoladen- und Plastikweihnachtsmännern in den Schaufenstern der Geschäfte. Niemand hat mehr Frau Müller zugehört, alle haben durcheinandergequasselt, von den Wunschzetteln und den Geschenken und von dem, was jedem gerade so einfiel.

„Halt! Halt! Doch nicht alle durcheinander!" hat Frau Müller gerufen. Und nach einiger Zeit war es dann auch wirklich still. So still, daß sie weitersprechen konnte.

„Ich habe mir ein Gedicht überlegt", hat sie gesagt, „das wir in den nächsten Tagen lernen wollen. Hört gut zu, ich spreche euch das Gedicht einmal vor:

Advent, Advent, ein Lichtlein brennt.
Erst eins, dann zwei, dann drei, dann vier,
dann steht das Christkind vor der Tür."

Dabei hat sie erst einen, dann zwei, dann drei und zuletzt vier Finger ihrer rechten Hand in die Höhe gestreckt. Die Kinder haben es nachgemacht. Und Christian hat gedacht: „Das ist ja 'ne ganze Menge, aber das schaff' ich schon!"

In den nächsten Tagen hat Frau Müller immer mit einigen Kindern das Gedicht geübt. Sie hat ein paar Wörter vorgesprochen und die Kinder haben sie wiederholt. Und bald konnten es fast alle aufsagen. Das war schon toll, fanden die meisten. Und sie waren mächtig stolz darauf.

Als Christian das Gedicht aufsagen konnte, ist er gleich ein bißchen schneller vom Kindergarten nach Hause gelaufen. Er wollte allen zu Hause zeigen, was er gelernt hatte. Besonders der Melanie, seiner Schwester, die immer alles besser wußte und konnte, nur weil sie schon in die dritte Klasse ging.

Christian hat die Tür aufgerissen, ist schnurstracks in Melanies Zimmer gestürmt und hat gleich losgelegt:

„Advent, Advent, ein Lichtlein brennt.
Erst eins, dann zwei, dann drei, dann vier,
dann steht das Christkind vor der Tür."

Melanie hat gar nicht zu ihm hingeschaut. Sie hat an ihrem kleinen Schreibtisch gesessen und in ein Heft geschrieben. Erst als Christian am Ende war, da hat sie sich zu ihm umgedreht und gesagt: „Das geht noch weiter. ‚Und wenn das fünfte Lichtlein brennt, dann hast du Weihnachten verpennt'."

„Ob das wohl stimmt", hat Christian gedacht, „Weihnachten verpennen, das geht doch gar nicht. Man freut sich doch darauf, und dann verpennen?" Doch so ganz sicher war Christian nicht, und darum hat er sich lieber Melanies Fortsetzung genau gemerkt.

Weihnachten ist gekommen. Christian, Melanie, Mutter und Vater sind am Heiligen Abend in die Kirche gefahren, in den Familiengottesdienst. Hinterher sollte zu Hause die Bescherung sein. „Ob ich wohl das Kettcar bekomme", hat Christian gedacht, als der Pastor die Weihnachtsgeschichte vorgelesen hat. Und plötzlich ist es geschehen. Christian hat so fest an das Kettcar gedacht, daß er darüber eingeschlafen ist. Er hat von dem Kettcar geträumt, wie er darauf sitzt und um die Kurven flitzt. Sein Kopf ist auf Mutters Schoß gerutscht. Richtig geschnarcht hat er, und Vater hat „Pst" gemacht, aber das hat Christian nicht gestört. Er hat nicht gemerkt, wie die Leute laut gesungen haben, er hat nicht gemerkt, wie der Gottesdienst zu Ende war, er hat nicht gemerkt, wie Vater ihn auf dem Arm aus der Kirche getragen hat. Erst als Vater den Automotor anließ, da ist Christian aufgewacht. Er war ganz verdattert und hat zu weinen angefangen.

„Ist schon gut", hat Mutter gesagt und ihm ein wenig den Kopf gestreichelt, und das tat gut.

Doch Melanie hat neben ihm gesessen, und die hat plötzlich geschrien: „Mensch, du hast ja Weihnachten verpennt. Guck' mal da im Schaufenster." Und wirklich, Christian hat es sofort verstanden. Da stand doch im Fenster ein kleiner Tannenbaum mit fünf Kerzen, so viele Kerzen wie er Finger an jeder Hand hat. Alle fünf Kerzen haben gebrannt. Schön sah das aus. Aber Christian hat jetzt erst richtig angefangen zu weinen.

Hartmut Kulick

Gesprächsimpuls: Jetzt weint der Christian. Gut nur, daß seine Eltern mit im Auto sitzen. – Wie geht es weiter? – Wir können einander erklären, warum wir die vier Kerzen nacheinander in der Adventszeit anzünden. – Hierzu den Text „Vom allerersten Adventskranz", Seite 28.

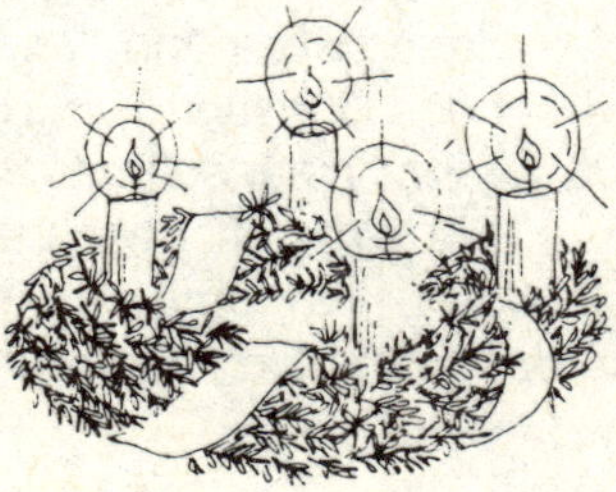

Mieze

Ob die Tiere am Heiligen Abend sprechen können, so wie Ruth es von einigen Legenden her weiß? Die Oma meint, daß die Tiere schon die Geborgenheit und die Liebe der Menschen untereinander spüren. Und Ruths Katze? Die setzt sich doch tatsächlich mitten in den Adventskranz.

„Oma, schläfst du noch?“ fragt Ruth. Sie bekommt keine Antwort. Oma atmet tief. „Du hast gesagt, nur ganz kurz. Nur fünf Minuten. Du schläfst aber jetzt schon lange, bald wie Dornröschen.“

Ruth klettert zu Oma aufs Sofa, setzt sich einfach auf ihren Bauch und versucht, mit ihren Fingern Omas Augen zu öffnen.

„Fast wie Dornröschen? Glaubst du das?“ fragt Oma und schaut Ruth lachend an. „Keine fünf Minuten Ruhe läßt du mir.“

„Es ist eben so schön, wenn du bei uns bist“, sagt Ruth, „und ich muß ganz schnell etwas wissen, das ist wichtig. Ist es wahr, daß die Tiere in der Heiligen Nacht sprechen können?“

„Das weiß ich nicht“, antwortet Oma.

„Sag doch, daß es wahr ist“, bettelt Ruth, „ich möchte es so gern.“

Oma schweigt.

„Ich würde die ganze Nacht aufbleiben“, sagt Ruth, „und Mieze könnte mir viel erzählen. Wir würden uns so schön unterhalten!“

„Ich bin oft lange aufgeblieben in der Heiligen Nacht, aber ich habe nie gehört, daß Tiere genauso sprechen wie Menschen“, sagt Oma. „Doch scheint mir, sie spüren, daß die Heilige Nacht etwas ganz Besonderes ist, weil die Menschen die Geburt des Jesuskindes feiern. Der heilige Franz hat für die Tiere gepredigt wie ein Pfarrer für die Menschen. Und die Tiere haben ihn verstanden. Also spüren sie doch etwas und antworten darauf, nur nicht in unserer Sprache.“

Oma kann jetzt nicht mehr schlafen. Sie steht auf und spielt mit Ruth. Niemand kann so schön spielen und Geschichten erzählen wie Oma. Nur zu schnell vergeht der Sonntagnachmittag, schon wird es dunkel.

Draußen hört man Schritte. Mama und Papa kommen von einem Besuch zurück. Jetzt wird alles noch schöner: Heute darf Ruth die vierte Kerze auf dem Adventskranz anzünden, es ist der letzte Sonntag vor Weihnachten.

Mama hilft ihr beim Anzünden, und Papa holt seine Gitarre. Jetzt sitzen sie fröhlich beisammen und singen. Ruth ist ganz nahe bei den Kerzen. Mit ihrem Gesicht will sie auch die Wärme der Lichter spüren. Sie bläst ein wenig in die Flammen.

„Noch nicht ausblasen, du Kerzenpuster“, brummt Papa.

„Ich blase sie nicht aus“, erklärt Ruth. „Die Flämmchen sollen nur tanzen. Schau, sie werden groß und klein und wieder groß und wieder klein."

„Paß auf, Ruth, deine Haare", warnt Mama. „Der Nikolaus hat dir doch gesagt, daß du den Flämmchen nicht zu nahe kommen darfst."

„Ja, woher hat der Nikolaus denn gewußt, daß Ruth unser Kerzenpuster ist?" fragt Oma.

„Gerochen hat er es", erzählt Ruth. „Gerade bevor er ins Zimmer kam, sind ein paar Haare verbrannt. Weißt du, wie das riecht?"

Oma droht mit dem Finger: „Das will ich gar nicht wissen. Mit Flämmchen spielen, ist gefährlich. Setz dich wieder richtig hin."

Ruth will noch einmal schnell blasen, da kommt Mieze. Sie klettert auf einen Stuhl, vom Stuhl auf den Tisch, geht zum Adventskranz und hebt sorgfältig ein Pfötchen. Mama legt einen Finger auf den Mund: Ganz ruhig sein! heißt das. Ruth schaut und staunt, auch die Erwachsenen wundern sich. Mieze geht vorsichtig zwischen zwei Kerzen durch und rollt sich im Adventskranz zusammen wie in einem Körbchen. Papa holt einen nassen Lappen.

„Vielleicht brauchen wir ihn zum Löschen", meint er, „wir haben ja jetzt zwei Kerzenpuster."

Aber der Lappen ist nicht nötig. Mieze liegt still im Kranz, und nun bleibt auch Ruth ruhig sitzen. Papa nimmt wieder die Gitarre, und alle singen. Das gefällt Mieze. Zufrieden schnurrt sie vor sich hin.

„Omi", sagt Ruth, „du hast recht. Tiere spüren etwas von Weihnachten, und wenn sie auch vielleicht nicht sprechen wie wir, ist für sie Schnurren wie ein Weihnachtslied."

„Natürlich spüren Tiere etwas von Weihnachten", meint Mama, „der heilige Franz hat ja sogar gepredigt für sie."

„Das hat Omi auch gesagt", jubelt Ruth und klatscht in die Hände.

„Nicht so laut", mahnt Papa, „wir dürfen Mieze nicht erschrecken. Sie könnte wegspringen und dabei eine Kerze umwerfen."

Aber Mieze gefällt das Feiern. Solange die Kerzen brennen und die Familie singt, bleibt sie ruhig im Kranz liegen. Zufrieden schnurrt sie, bis Ruth die Kerzen ausblasen darf. Das ganze Zimmer duftet jetzt nach Weihnachten. Da geht Mieze in ihr Körbchen und schläft gleich ein. Was sie wohl träumt?

Ursula Burkhard

Wir sprechen darüber, was die Adventszeit zu Hause und im Kindergarten so schön macht. Warum fühlt sich Ruths Mieze so wohl?

Bettina und der helle Stern

In der Dunkelheit, als die Angst immer größer wird, erblickt Bettina einen hellen Stern. Und dieser Stern ist nichts anderes als die Lampe, die zu Hause brennt.

Marion ist Bettinas beste Freundin. Deshalb besucht Bettina Marion oft. Heute haben sie den ganzen Nachmittag zusammen bei Marion gespielt. Als Bettina heimgehen muß, ist es schon dunkel. Sonst hat die Mutter sie immer abgeholt. Heute hat die Mutter keine Zeit. Sie backt Weihnachtsplätzchen.

„Den Weg nach Hause finde ich ganz allein!" hat Bettina gesagt. „Es ist ja nicht weit!"

„Soll ich dich schnell nach Hause bringen?" fragt Marions Mutter.

Bettina lacht. „Das ist nicht nötig! Ich bin doch nicht mehr klein! Und es ist ja auch nicht weit!"

Aber jetzt, als die Haustür hinter ihr ins Schloß fällt, ist es ihr doch ein bißchen unheimlich. Zögernd geht sie die Straße entlang. Es ist dunkel. Sie will den Abkürzungsweg an den Gärten vorbei nehmen. Dort brennen keine Laternen.

Die Sterne am Himmel sind weit weg. Sie geben nur wenig Licht. Sonst, wenn Bettina an der Hand ihrer Mutter diesen Weg ging, ist es ihr nie so dunkel vorgekommen. Ob es daran lag, daß die Mutter bei ihr war?

Aber jetzt? Bettina fühlt ihr Herz bis zum Hals klopfen. Sie beeilt sich und bemüht sich, so vorsichtig wie nur möglich mit ihren Schuhen aufzutreten. Sie erschrickt fast über ihre eigenen Schritte. Sie klingen in der Stille plötzlich so laut.

Wenn es dunkel ist, sieht alles anders aus. Gespenstisch. Unheimlich. Bettina geht schneller und schneller. Doch der Weg scheint ihr heute besonders lang. Wäre ich doch nur schon zu Hause, denkt Bettina. Hätte ich doch ja gesagt, als Marions Mutter mitgehen wollte!

Da sieht Bettina plötzlich einen hellen Stern. Ein helles Licht dringt durch die Bäume hindurch. Und Bettina läuft auf den Stern zu. Sie läuft immer schneller. Und dann erkennt sie das helle Küchenfenster. Der Stern ist nichts anderes als die Lampe, die in der Küche brennt.

Ich bin zu Hause, denkt Bettina glücklich und läuft, so schnell sie kann, auf die Haustür zu. Sie klingelt.

„Da bist du ja!" lacht die Mutter und schließt Bettina in ihre Arme.

Rolf Krenzer

Ein Licht anzünden, die Vorhänge zuziehen und das Leuchten durch die Dunkelheit spüren. – Zu der Geschichte läßt sich auch ein Bild malen.

Der schönste Adventskalender

Den Adventskalender lernen Kinder wohl als ersten Kalender überhaupt kennen. Jeden Tag zählen sie, wielange es noch bis Weihnachten ist. Aber an Weihnachten ist der Kalender vergessen.

Einmal stritten sich die Adventskalender, wer wohl der schönste wäre. Vor allem ging es darum, wen die Kinder auch dann noch lieb hätten, wenn Weihnachten längst vorbei war.

„Ich bin am schönsten!" sagte der bunte Adventskalender mit den vielen Fensterchen. „Wenn an Weihnachten all meine Fenster geöffnet sind, dann sind dahinter so viele wunderschöne Bilder zu sehen, daß keiner sich daran sattsehen kann. Bestimmt werden mich die Kinder das ganze Jahr lang hängen lassen, nur um immer wieder meine wunderschönen Bilder anzusehen!"

„Ich bin viel schöner!" sagte ein zweiter Adventskalender. „Jeden Tag schneiden die Kinder etwas aus und kleben es auf das große Plakat, das ich bei mir habe. Dieses Plakat hängen sie an die Wand. Jeden Tag kommt etwas anderes hinzu. Und Weihnachten bin ich so bunt und schön, daß mich alle lieben. Schöner als das schönste Bild im Kinderzimmer! Das werden die Leute sehen, und deshalb werde ich dort immer hängen bleiben!"

„Na, na!" meinte ein dritter. „Seht mich nur an! Aus mir kann man einen richtigen Stall basteln. Man braucht mich nur zu knicken und ein bißchen zu kleben. Schon ist der Stall fertig. Und jeden Tag basteln die Kinder noch etwas, was dazu kommt: Schafe und Hirten, Kamele und Könige. Und natürlich die Engel, Maria und Josef und das Kind in der Krippe. Mich werden die Menschen niemals wegwerfen!"

Da mußte der dicke, prächtige Kalender aus dem großen Kaufhaus vor Lachen laut prusten. Ja, er verschluckte sich fast daran. „Wie seid ihr doch so dumm!" rief er. „Ihr seid nichts als billiges Papier, mit dem man wenig anfangen kann. Ihr werdet alle ins Feuer geworfen, wenn man euch nicht mehr braucht. Aber ich!" Er schaute sich stolz und eingebildet nach allen Seiten um. „Ich bin der schönste, beste und edelste Adventskalender überhaupt. Zudem der teuerste. Jede meiner kleinen Schubladen ist gefüllt mit der allerbesten Schokolade und den herrlichsten Kostbarkeiten, die Kinder nur kennen! Und seht nur, wie geschmückt ich bin! Gold und Silber auf allen Seiten. Dazu die buntesten Bilder, die es überhaupt gibt." Wieder schwieg der Kalender und stellt zufrieden fest, daß die anderen ganz eingeschüchtert zu Boden sahen. „Das Tollste habe ich noch gar nicht erwähnt!" fügte er schließlich hinzu. „Jedesmal, wenn man eine Schublade öffnet, ertönt ein Weihnachtslied. Jeden Tag tönt es aus mir heraus: ‚Stille Nacht, Heilige Nacht!' Und alles computergesteuert! Ja, da verschlägt es euch die Sprache!"

Die anderen Adventskalender sagten wirklich nichts mehr. Und die ganz kleinen Kalender, die sich bisher noch nicht getraut hatten, etwas zu sagen, die waren so eingeschüchtert, daß sie lieber den Mund hielten.

Die Adventszeit kam, und die Kinder freuten sich über ihre Adventskalender. Jeden Tag warteten sie, daß der Heilige Abend ein Stück näher kam. In fast allen Häusern, in denen Kinder wohnten, hingen auch die bunten Adventskalender an der Wand. Manche hatten die Eltern selbst gebastelt. Auch im Kindergarten gab es schöne Adventskalender.

Wer der schönste war? Wer will das schon wissen? Aber eines ist sicher: Die Kalender waren für die Kinder wichtig. Sehr, sehr wichtig! Sie sagten ihnen genau, wieviele Tage es noch bis Weihnachten waren. Ja, sie konnten sogar die Freude der Kinder ein bißchen spüren.

Nach Weihnachten aber landeten alle Adventskalender im Abfall. Zuerst kam der dicke, prächtige Kalender aus dem großen Kaufhaus dran. Aber er war gar nicht mehr dick und prächtig. Die Schubladen baumelten heraus und waren leergegessen. Und das Weihnachtslied war so abgenudelt, daß es jetzt niemand mehr hören wollte. Aber den anderen Adventskalendern ging es auch nicht viel besser. Einige wurden gleich nach Weihnachten weggeworfen. Andere wurden weggepackt und vergessen. Nächsten Advent würde es wieder neue Adventskalender geben.

Nur ein einziger Kalender blieb übrig. Das war ein ganz und gar unscheinbarer Kalender. An jedem Tag bis Weihnachten war darin eine Geschichte zum Vorlesen. Dazu gab es ein Bild, das man ausschneiden und auf ein großes Poster kleben konnte. Das Poster mit den vielen bunten Bildern hatte die Mutter schon von der Wand genommen. Aber das kleine Buch mit den vierundzwanzig Geschichten, da übriggeblieben war, das gab Claudia nicht her. Da waren nämlich die Geschichten drin, die die Mutter vorgelesen hatte, als Claudia im Krankenhaus lag und nicht wußte, ob sie Weihnachten wieder zu Hause sein würde. Tag für Tag hatte die Mutter ihr die Geschichten vorgelesen. Manche davon mehrmals. Und über dem Bett im Krankenhauszimmer hatten Mutter und Schwester Monika das Poster aufgehängt. Als Claudia dann doch zwei Tage vor Weihnachten nach Hause durfte, da nahm sie auch den Adventskalender und das große Poster mit.

Die großen und schönen Adventskalender waren längst vergessen. Aber der kleine Kalender mit den vierundzwanzig Geschichten, der stand noch viele Jahre lang auf Claudias Bücherbord. Ich glaube, da steht er heute noch!

Rolf Krenzer

Selbst einen Adventskalender anfertigen. Verschiedene Adventskalender zeigen und miteinander vergleichen. Welchen Kalender wird man gleich wegwerfen? Welchen möchte man gern aufheben und warum? (Vielleicht sind viele schöne Geschichten darin, die man später noch einmal hören oder selber lesen möchte).

Advent

Weil Martin keinen eigenen Adventskalender hat, stiftet er Anne an, alle Türchen auf einmal zu öffnen. Davon wird es aber auch nicht schneller Weihnachten, und Anne ist am Ende sehr traurig. Zum Glück weiß Mutti einen Rat, der alle wieder fröhlich macht.

Vierundzwanzig Türchen – was ist das? Ein großes Haus? Oder gar ein Schloß? Natürlich nicht! Vierundzwanzig Türchen und jeden Tag darf man eines öffnen: Das ist ein Adventskalender. Jedes Kind weiß das.

Auch Martin weiß es, aber er hat zu Hause keinen eigenen Kalender, und niemand spricht von Advent. Heute besucht er Anne. Sie wollen mit dem Kaufladen spielen. Doch Martin hat keine rechte Lust, etwas zu kaufen oder zu verkaufen. Immer schaut er an die Wand, wo Annes Adventskalender hängt.

„Erst drei Türchen sind offen“, sagt er. „Komm, wir öffnen noch eins.“

Anne ist nicht einverstanden: „Zwei Türchen an einem Tag – nein, das geht nicht. Jeden Tag darf man nur eines öffnen, bis Weihnachten da ist.“

„Vielleicht kommt Weihnachten schneller, wenn man jeden Tag zwei öffnet“, meint Martin. Er wartet nicht gern. Anne lacht ihn aus:

„Du bist aber blöd! Weihnachten kommt erst, wenn man jeden Tag bloß ein Türchen geöffnet hat. Solange dauert doch die Adventszeit. Komm, wir zählen die Türchen.“

Die beiden gehen zum Kalender und zählen. Martin will schnell fertig sein, darum verhaspelt er sich immer wieder. Bis zehn zählt er ordentlich, dann sagt er elf, vierzehn, siebzehn. Anne verbessert ihn.

„Halt“, schreit sie, „nur berühren darf man die Türchen, weil man so besser zählen kann. Aber nicht aufmachen.“

„Nur eins“, bettelt Martin, und da ist es auch schon offen. Hübsche Schokoladenstückchen mit Bildern sind darin.

„Wenn wir in jedem Türchen so eines finden, haben wir etwas Feines für unseren Laden“, sagt Martin. Schon reißt er das nächste Türchen auf, dann noch eines und noch eines. Das geht schnell. Alle soll er nicht allein öffnen. Darum hilft Anne mit. Eigentlich macht das Spaß.

„Wer kann es schneller?“ fragt Martin. Sie reißen auf und sehen gar nicht auf die hübschen Bilder. Laut lachen sie dabei. Da geht eine andere Tür auf, die Tür zum Kinderzimmer. Mama kommt herein.

„Wie schade!“ sagt sie.

Anne denkt: „Jetzt wird sie schimpfen.“

Aber Mamas Gesicht ist traurig, nicht ärgerlich. Anne weint. Martins Kopf wird ganz rot. „Ich glaube, ich muß nach Hause gehen“, meint er.

Martin hat keinen weiten Heimweg. Nur eine Treppe hochsteigen muß er. Er hat es aber sehr eilig. Mama schaut ihm nach.

„Ihm hat wohl niemand einen Adventskalender geschenkt“, sagt sie. Anne nickt.

„Jetzt müssen wir die Türchen flicken, das ist viel Arbeit“, sagt Mama. Sie beginnt, die abgerissenen Türchen wieder anzukleben. Die Schokoladenstückchen werden hineingesteckt und die Türchen wieder zugemacht. Anne darf bei der Arbeit helfen.

Nun hängt der Kalender wieder an der Wand. Aber neu und hübsch sieht er nicht mehr aus. „Martin ist blöd. Er soll erst nach Weihnachten wiederkommen“, schimpft Anne.

Aber Mama weiß etwas Besseres: Martin soll jeden Tag kommen, wenn ein Türchen aufgemacht wird, und sie will dann dabeisein. Einmal soll er eins öffnen und einmal Anne. So können sie sich zusammen auf Weihnachten freuen. Mama verspricht auch, daß sie dann eine Kerze anzünden und eine Geschichte erzählen wollen.

Anne tanzt wie ein Kreisel im Zimmer herum. Dann rennt sie hinauf zu Martin. „Komm“, ruft sie. „Komm! Schau dir den geflickten Adventskalender an. Wir werden die Türchen langsam öffnen, jeden Tag nur eins, und wir wollen uns zusammen auf Weihnachten freuen!“

Martin ist froh. Bei ihm zu Hause hat niemand für so etwas Zeit. Jetzt darf er auch einmal Advent erleben. Das wird bestimmt schön!

Ursula Burkhard

Sinn des Adventskalenders – Über Adventskalender sprechen, die zu Hause aufgehängt werden. Martin hat keinen Adventskalender. Ob es nur daran liegt, daß seine Eltern so wenig Zeit haben? – Über Möglichkeiten beraten, wie man sich auf Weihnachten vorbereiten kann, im Kindergarten und daheim.

Machirs Heimkehr
Oder: Der verschwundene Hirtenjunge

Gundel ist traurig, weil ihr ein Hirte abhanden gekommen ist, den sie auf den Adventskalender kleben wollte. Boris, der den gleichen Kalender hat, schenkt ihr seinen Hirten.

Lange vor der Adventszeit hatten sie sich in der Buchhandlung getroffen. Gundel war dabei, mit ihrer Mutter ein Buch für Opa auszusuchen, der im November Geburtstag hatte. Und Boris hatte beim Vorlesewettbewerb einen Büchergutschein bekommen, den er heute hier eintauschen wollte. Zufällig entdeckten beide die neuen Adventskalender, die, wie der Buchhändler sagte, gerade „hereingekommen“ waren.

Ein Kalender hatte es beiden sogleich angetan. Er hieß „Auf dem Hirtenfeld“. Auf ein großes Poster konnte jeden Tag im Advent eine Figur aufgeklebt werden, die vorher ausgeschnitten werden mußte. Dazu gab es jeweils eine Geschichte. Wenn das Poster mit den vielen Hirten und anderen Leuten, mit dem Engel und der heiligen Familie vollgeklebt war, dann würde Weihnachten sein.

Gundel war so begeistert, daß sich ihre Mutter erweichen ließ und den Kalender schon jetzt für die Adventszeit kaufte. Und Boris tauschte seinen Büchergutschein, für den er sich eigentlich ein Abenteuerbuch leisten wollte, auch gegen den Adventskalender ein.

Später in der Adventszeit erzählten sich Gundel und Boris in der Schule von ihren Adventskalendern und was sie heute wieder ausgeschnitten und aufgeklebt hatten. Genau am 17. Dezember kam Gundel ganz traurig zur Schule, und als Boris ihr von dem Jungen mit dem seltsamen Namen berichten wollte, den er heute früh ausgeschnitten hatte, wollte sie nichts davon hören.

„Weißt du denn noch den Namen des Jungen?“ fragte Boris.

„Machir!“ antwortete sie. Sonst nichts.

Später in der Pause erzählte sie ihm doch, warum sie so traurig war. Sie hatte es gestern abend nicht abwarten können und bereits die Geschichte gelesen, die eigentlich heute dran war. Und dann hatte sie auch den Machir ausgeschnitten. Er war ein Hirtenjunge, der nach langer Zeit zu seinem Vater nach Betlehem zurückgekommen war. Da hatte die Volkszählung etwas Gutes bewirkt, weil Vater und Sohn sich wiedersehen durften.

Gundel hatte abends den ausgeschnittenen Machir auf den kleinen Tisch unter den Adventskalender gelegt. Gleich heute morgen wollte sie ihn auf dem Poster festkleben. Aber heute morgen war der Machir weg.

Sie suchte alles nach ihm ab. Ihre Mutter half ihr. Sogar der Vater suchte mit und war bestimmt zu spät zum Dienst gekommen. Aber sie hatten nichts gefunden. Keine Spur von dem Machir. Jetzt würde sein Platz auf dem Poster leer bleiben. Tag für Tag würde der leere Platz Gundel daran erinnern, daß Machir für alle Zeiten verschwunden war. Ausgerechnet Machir, der Hirtenjunge mit den schwarzen Locken, den Gundel am allerliebsten von allen Leuten auf dem Poster hatte. Oder war es nur so, weil sie ihn jetzt verloren hatte?

„Sein Platz ist nun leer!“ sagte Gundel leise. „Und wir sind sehr traurig.“

Das konnte Boris gut verstehen. Er merkte auch, daß er Gundel nicht trösten konnte.

Am Abend rief er bei Gundel an und fragte, ob sie den Machir noch gefunden hätte. Nein, der Machir war weg! Und Gundel hatte gar keine rechte Lust mehr, morgen den Josef auszuschneiden, der als nächster dran war, weil er ja Maria zum Stall führen sollte.*

Als Boris den Telefonhörer wieder aufgelegt hatte, ging er schnurstracks auf seinen Adventskalender zu und begann, ganz vorsichtig seinen Machir, der mit Kleber heute morgen befestigt worden war, von dem Kalender abzulösen.

„Was tust du denn?“ fragte seine Mutter erstaunt. „Du machst ja deinen schönen Kalender kaputt!“

Da erzählte ihr Boris, was mit dem Machir bei Gundel geschehen war. Er sagte auch, wie leid ihm Gundel tue und daß er ihr so gern helfen möchte. Deshalb wollte er seinen Machir vom Kalender nehmen, ihn in einen Briefumschlag stecken und Gundel schicken.

Da sagte seine Mutter nichts mehr. Sie half ihm sogar dabei, so daß der Machir ganz unverletzt schließlich von dem Poster abgelöst war. Dann holte sie Briefpapier und schrieb mit Boris einen kleinen Brief, den sie zusammen mit dem Machir in den Briefumschlag steckten. Sie zogen sich beide wie heimliche Verschwörer ihre Mäntel an und machten einen Spaziergang zur Mozartstraße, in der Gundel mit ihren Eltern wohnte. Und ganz heimlich warfen sie ihren Brief dort in den Briefkasten. Die würden sich morgen wundern, daß sie so früh bereits Post hatten. Und sie würden sich noch mehr wundern, wenn sie erst den Umschlag öffneten und den Machir darin fänden. Und dann würden sie bestimmt auch den Brief lesen, den Boris und seine Mutter geschrieben hatten.

„Liebe Gundel“, stand da geschrieben, „wir schenken Dir den Machir von unserem Kalender. Er hat dort schon festgeklebt. Das sieht man. Aber jetzt kehrt er heim zu Dir, weil Du ja keinen Machir mehr hast. Sein Platz auf unserem Kalender ist jetzt leer. Aber wir sind gar nicht traurig, denn wir wissen ja, wo der Machir jetzt ist und daß Du nicht mehr traurig bist! Wer ihn bei uns vermißt, der muß Euch eben mal kurz besuchen, um ihn zu sehen. Wir wünschen Euch allen einen schönen Advent! Boris und Mutter."

Richtig froh ging Boris mit seiner Mutter nach Hause. Und beide summten die Melodie eines Weihnachtsliedes.

„Weißt du auch, wie es heißt?" fragte die Mutter.

Boris nickte und begann zu singen: „Morgen, Kinder, wird's was geben!"

Rolf Krenzer

Bis * vorlesen und darüber sprechen, wie die Geschichte wohl weitergeht. Die Geschichte kann auch in einem Rollenspiel gestaltet werden. – Es kann auch der nächste Morgen bei Gundel im Spiel dargestellt werden. Was sagt Gundel wohl, als der Machir plötzlich in dem Briefumschlag steckt. Ob Gundel sich bei Boris bedankt? Ob sie sich auch eine Überraschung für ihn überlegt? Was würdest du tun?

Bimbel

In dem Märchen steht am Weihnachtsabend nicht die prächtige rote Kugel im Mittelpunkt, sondern die kleinen unbeachteten Dinge gewinnen ihre Bedeutung, z.B. das winzige Glöckchen, das einem Schaf bei der Weihnachtskrippe um den Hals gebunden wird.

Im Warenhaus liegen in einer Schachtel Christbaumkugeln und Weihnachtsglocken.

Das Seidenpapier knistert. Eine rote Kugel funkelt auf: „Ich brauche mehr Platz, denn ich bin geschaffen für einen mächtigen Baum in einem großen Saal."

Ein Glöcklein drückt sich in die Ecke. Schüchtern sagt es: „Nur an einem ganz kleinen Baum möchte ich hängen, doch so, daß ich das Jesuskind in der Krippe gut sehen kann."

„Du kleiner Bimbel, du! An den hintersten Ast wird man dich hängen!"

Wie sie funkelt, die rote Kugel! Sie stößt Bimbel noch mehr in die Ecke. Da – o weh – die Wand der Schachtel gibt nach, und Bimbel purzelt hinaus.

„Bim-bim", klagt das Glöcklein. Es ist hinter den Verkaufstisch gefallen.

Unter dem Tisch an der Wand ist es dunkel. „Niemand wird mich an ein Bäumchen hängen. Ich bin viel zu klein. Zudem bin ich jetzt staubig geworden, und eine Beule habe ich auch", seufzt Bimbel.

Es sieht die Füße der Leute, die Christbaum-Schmuck kaufen. Zuerst sind es viele, dann kommen immer weniger, zuletzt nur noch vier: zwei mit Pantoffeln und zwei mit Kinderschuhen. Jetzt sind sie ganz nahe vor dem Tisch. Ein riesiger Besen fährt daher, packt Bimbel und schleudert es in eine Schaufel.

„Sieh doch, das Glöcklein!" frohlockt ein Junge.

Die Frau mit den Pantoffeln nimmt Bimbel in die Hand und sagt: „Es hat eine Beule. Du darfst es behalten, Bruno. Und jetzt wollen wir noch den Kindergarten putzen."

Bruno steckt das Glöcklein in seine Hosentasche. Wieder wird es dunkel um Bimbel.

„Alles ist schon für Weihnachten geschmückt!" ruft Bruno aus, als sie im Kindergarten ankommen. Bimbel äugt aus der Tasche, spürt Brunos Freudensprung und freut sich mit. Wahrhaftig! Der große Baum ist prächtig geschmückt. Darunter steht die Krippe. Bruno kauert sich davor hin und denkt: „Das Jesuskind hat nichts: kein Spielzeug, nicht einmal ein richtiges Bett."

Bruno zieht Bimbel, dann eine Schnur aus seiner Tasche heraus. Er bindet das Glöcklein einem Schaf um den Hals. Das Schaf mit dem Glöcklein rückt er ganz nahe zum Jesuskind.

Über dem Dach des Stalles hängt die rote Kugel. Sie beugt sich neugierig über das Dach, sieht Bimbel und vergißt vor Staunen, sich am Ast festzuhalten. Klirr, klirr – sie zerbricht unten in viele kleine Scherben.

Elisabeth Heck

Eine Bildergeschichte dazu zeichnen.

Spitzbuben

Sogar vor Papa werden die frisch gebackenen Weihnachtsplätzchen versteckt. Aber Astor, der Hund, verrät wo sie sind.

Helmut sieht aus wie ein richtiger Koch. Als Küchenschürze hat er sich ein Tuch vorgebunden und aus Papier hat er sich eine Kochmütze gebastelt. Mama bewundert ihn:

„Wie ein Küchenmeister siehst du aus. Dieses Jahr geraten unsere Plätzchen sicher besonders gut. Nur solltest du jetzt aufhören, Teig zu essen. Sonst müssen wir Luft backen."

„Noch ein ganz kleines Stück“, bettelt Helmut. „Teig schmeckt nämlich noch besser als fertige Plätzchen.“

Astor mag keinen Teig. Er wartet auf die fertig gebackenen Spitzbuben. Ungeduldig bellt er vor der Küchentür. Weil er manchmal nicht gehorcht, muß er draußen bleiben. Er leckt überall in der Küche herum oder nimmt sich einfach, was ihm schmeckt.

Die ersten Spitzbuben sind im Ofen! Wie das duftet!

„Gebacken sind sie auch gut“, gibt Helmut zu. Astor winselt. Wie traurig das tönt! Vielleicht haben die Menschen in der Küche bald Mitleid mit ihm. Wenn er lange genug winselt, bekommt er oft, was er haben will. Aber heute hat er kein Glück. Mama und Koch Helmut lassen sich nicht gern stören bei der Arbeit.

Endlich geht die Küchentür auf, und Astor bekommt einen frischgebackenen Spitzbuben. Sein Schwanz sagt, daß er ihm schmeckt. Helmut will auch einen Frischgebackenen versuchen. Schon winselt Astor wieder und streicht um Mamas Beine. Helmut schielt nach der Büchse.

„Gebacken schmecken sie so gut wie Teig“, sagt er. Mama seufzt: „Ob die halten bis Weihnachten? Was ihr beide jetzt nicht aufeßt, verschwindet, wenn Papa nach Hause kommt.“

„Wir verstecken die Büchse“, meint Helmut. „Aber wo? Im Schrank ist sie einfach zu finden.“

Mama denkt nach. Dann trägt sie die gefüllte Dose ins Wohnzimmer und steckt sie hinter den Schrank. Zwischen Schrank und Wand ist sie eingeklemmt. Da sucht niemand nach ihr.

„Wirst du unser Geheimnis nicht verraten?“ fragt Mama. Helmut lacht:

„Natürlich nicht. Plätzchen verstecken ist ein lustiges Spiel.“

Am Abend kommt Papa von der Arbeit nach Hause. Er schnuppert in der Küche herum. „Hier riecht es aber gut – nach Gebackenem, meine ich, riecht es hier.“

„Meinst du?“ fragt Mama.

„Meinst du?“ fragt auch Helmut.

Mama hat noch in der Waschküche zu tun. Sie blinzelt Helmut zu. Er nickt. Sie verstehen sich. Natürlich wird er nichts verraten. Es ist auch gar nicht gefährlich. Papa sitzt nämlich im Wohnzimmer und liest Zeitung. Dabei denkt er nicht an Gebackenes, und sprechen kann man auch nicht mit ihm, wenn er Zeitung liest.

Aber Astor versucht es doch. Er streicht um Papas Beine. Er winselt, er bellt, er wedelt. In seiner Hundesprache heißt das: „Komm, ich weiß, warum es so gut riecht! Ich zeige es dir.“

Zweimal schickt Papa ihn weg. Dann aber steht er auf und fragt:

„Astor, was ist denn los?" Bellend und wedelnd geht der Hund zum Schrank. Papa öffnet die Schranktüre. Er sucht und sucht. „Schau, da ist nichts", sagt er. „Laß mich jetzt meine Zeitung lesen."

Aber Astor hockt vor dem Schrank und schaut und schaut, immer in die gleiche Richtung, ein wenig schräg nach oben.

„Ach so, hinter den Schrank schaust du", sagt Papa. Er sieht nach und findet die Dose. Papa strahlt und Astor wedelt. Helmut ärgert sich. Warum hat Astor das Versteck verraten? Aber dann sieht er, wie die Plätzchen den beiden schmecken, und natürlich bekommt er auch davon. Da freut er sich, daß Papa sie gefunden hat.

Mama kommt ins Wohnzimmer. Sie lacht: „Ihr seid Spitzbuben und eßt die Spitzbuben."

„Ich habe das Versteck nicht verraten, es war Astor", ruft Helmut. Papa geht in die Küche und kocht Tee.

„Wir feiern jetzt ein Spitzbubenfest, und Mama ist auch eingeladen" , sagt er. „Am Samstag, wenn ich nicht zur Arbeit muß, backen wir neue Spitzbuben. Vielleicht halten die dann bis Weihnachten!"

Ursula Burkhard

Plätzchen backen – Plätzchen von zu Hause mitbringen, austauschen, vergleichen. – Welche Plätzchen werden bei dir zu Hause am liebsten gegessen? – Welche ißt du selbst am liebsten?

Onkel Sebastian

Zusammen mit Onkel Sebastian macht Verena einen Bummel durch die vorweihnachtlich geschmückte Stadt. Der Weihnachtsmarkt ist schön, jedoch am allerbesten gefällt es den beiden oben auf dem Turm bei den Turmbläsern.

Jedes Jahr im Advent macht Onkel Sebastian mit Verena einen Bummel durch die Stadt. Verena freut sich schon lange darauf, denn sie mag Onkel Sebastian sehr. Er hat lauter Lachfältchen um die Augen, er hat immer ganz warme Hände, so daß er nie Handschuhe braucht, er ist kugelrund und hat vorn eine Glatze.

„Nun wollen wir wieder unseren Weihnachtsspaziergang machen", sagt er mit seiner tiefen Stimme, faßt Verena an der Hand und geht mit ihr zum Marktplatz. Es ist schon dunkel, aber die Häuser sind mit vielen Lichtern hell erleuchtet. Lichtketten sind über die Straße gespannt, und auf dem Weihnachtsbaum, der neben dem Rathaus steht, brennen viele elektrische Kerzen. Auf dem Marktplatz sind verschiedene Stände aufgebaut. Dort werden Lebkuchen und gebrannte Mandeln verkauft, hier gibt es Äpfel, Mandarinen und Feigen und nebenan bunte Christbaumkugeln und Goldengel. Verena schaut sich die Dinge an. Onkel Sebastian kauft ihr eine kleine Trompete und sich selbst ein Glas Glühwein.

„Riech mal!" sagt er. Der Gewürzduft kitzelt Verena so in der Nase, daß sie niesen muß.

„Wir müssen uns stärken, denn wir haben noch einen steilen Aufstieg vor uns." Verena schaut Onkel Sebastian fragend an, aber er lächelt nur. Er nimmt Verena wieder an der Hand, und sie gehen durch ein Gewirr enger kleiner Häuser. Verena bläst immer wieder auf ihrer kleinen Trompete.

Auf einmal stehen sie vor der Stadtkirche. Die Tür zum Turm ist offen. Die beiden steigen die steilen Treppen hinauf. Onkel Sebastian muß heftig schnaufen und bleibt immer wieder stehen.

„Ich hätte meinen Glühwein später trinken sollen", seufzt er.

„Was machen wir denn auf dem Turm?" will Verena wissen.

„Das wirst du schon hören", antwortet der Onkel.

„Hören?" fragt sich Verena, aber da ist sie schon oben. Durch die Tür tritt sie auf einen schmalen Balkon, der den Turm oben rings umgibt. In einer Ecke stehen vier Männer. Sie halten gerade die Trompeten an den Mund und beginnen, ein Weihnachtslied zu blasen. Wie schön und laut das klingt.

„Die Turmbläser! Ist das keine Überraschung?" Onkel Sebastian strahlt übers ganze Gesicht. Er nimmt Verena auf den Arm, und sie schauen über die Stadt. So viele Lichter hat Verena noch nie gesehen. Und wie klein der Tannenbaum dort unten auf dem Marktplatz ist, wie winzig die Leute, die dort unten umhereilen!

Nun stellen sich die Turmbläser in die andere Ecke und spielen ihr Lied dort noch einmal, und so von allen vier Ecken des Turmes. Viele Leute bleiben unten stehen und schauen hinauf. Onkel Sebastian summt die Melodie mit seiner tiefen Stimme mit. Verena aber bläst kräftig in ihre kleine Trompete und findet ihre Musik noch schöner als die der Turmbläser.

Mechtild Theiss

Wir erleben vorweihnachtliche Bräuche in unserer nächsten Umwelt. Dazu gehört auch ein Besuch auf dem Weihnachtsmarkt. Auf der Weihnachtspyramide stehen auch die Turmbläser. Ein Transparentbild gestalten: Weihnachtsmarkt – Turmbläser.

Ina und Gert holen den Weihnachtsbaum

Zusammen mit ihrem Vater holen Ina und Gert den Weihnachtsbaum aus dem Wald. Ein ganz besonderes Erlebnis, das die Kinder gewiß niemals vergessen werden.

Draußen bläst der Wind den Schnee zu kleinen Hügeln. Dieses Jahr ist es schon früh Winter geworden. Am Nachmittag gehen Vater, Ina und ihr Bruder Gert in den nahen Wald. Dort wollen sie einen Weihnachtsbaum holen. Viele Leute sind mit ihnen unterwegs. Manche haben Äxte, andere Sägen dabei. Sie marschieren alle zu einem bestimmten Platz im Wald. Dort stehen viele Tannenbäume dich beieinander. Damit sie Luft und Licht bekommen, müssen einige von ihnen herausgeschlagen werden. So hat es der Förster gesagt.

Nach einer halben Stunde sind sie angekommen. Manchmal sticht es richtig in Händen und Füßen, so kalt ist es. Förster Holzmann ist auch schon da. Auf einer Lichtung brennt ein wärmendes Feuer. Herr Holzmann hat um alle Weihnachtsbäume einen weißen Klebstreifen gewikkelt. Diese Bäume dürfen mit der Axt oder der Säge gefällt werden. Bald stehen alle drei in der Fichtenschonung. Ganz allein sind sie jetzt. Vor dem Mund stehen weiße Nebelfahnen. Ihre Nasen sind rot. In der Ferne hört man schon die ersten dumpfen Axtschläge oder das Rasseln der Sägen im Holz.

„Paßt gut auf, damit wir einen schönen gutgewachsenen Baum entdecken", ruft Vater, der einige Meter vor ihnen durch den Schnee geht.

Nach einer Weile bleibt Ina stehen. „Wartet mal! Schaut doch mal hier!" Gert und Vater kommen zurück. Vor ihnen steht ein schöner, gleichmäßig gebauter Baum. Er ist fast so groß wie der Vater. „Den nehmen wir!" ruft Vater. Ina kniet nieder und sägt die unteren Äste ab, damit sie den Stamm besser erkennen. So, das wäre geschafft! Richtig warm ist ihr bei der Arbeit geworden. Jetzt sind Gert und Vater an der Reihe.

Jeder nimmt die rote Säge an einem Ende. Auch sie müssen im Knien arbeiten. Hin und her surrt die Säge durch den Stamm. Würziger Harzduft strömt aus dem Holz. Ein leises Zittern zeigt ihnen an, daß die junge Fichte bald fallen wird. Ina muß sie festhalten.

Dann ist es soweit. Ein leichtes Knirschen – und der Baum ist abgesägt. Gert springt zu Ina hinüber, denn fast wäre der Baum mit ihr zusammen umgestürzt, so schwer ist er. „Ein feines Bäumchen", schmunzelt Vater. „Mutter wird sich freuen."

Vater nimmt den Weihnachtsbaum jetzt am dicken Ende, und Gert und Ina halten vorsichtig die Spitze, damit sie nicht abbricht. Später soll sie eine silberne Kugelspitze tragen. So gehen sie den langen schmalen Weg durch die Fichten zurück.

Still ist es geworden im Wald. Endlich kommen sie am Lagerfeuer an. Hier stehen auch andere Kinder mit ihren Eltern. Vater trinkt einen heißen Grog, Ina und Gert bekommen heißen, süßen Zitronentee. Wie gut das tut bei der grimmigen Kälte! Gert würde am liebsten noch einen schönen Weihnachtsbaum für Onkel Gerhard mitnehmen, so stark fühlt er sich plötzlich wieder. Als sie endlich nach Hause gehen, funkeln über dem Wald die ersten Sterne.

Rainer Hohmann

Gesprächsimpuls: Woher habt ihr euren Weihnachtsbaum? Wie groß ist euer Tannenbaum zu Hause? Wonach muß man sich richten? – Womit wird der Weihnachtsbaum geschmückt? Wir berichten davon, was bei uns zu Hause am Weihnachtsbaum hängt, wie unser Weihnachtsbaum aussieht. Wir betrachten Bilder, die Weihnachtsbäume von früher zeigen. – Als Anschlußtext: Der letzte Weihnachtsbaum, in R. Krenzer: Weihnachten im Kindergarten, Edition Kemper im Verlag Ernst Kaufmann, Lahr, Seite 117–118 oder Andersens Märchen „Der Tannenbaum", a.a.O. Seite 106–109.

Der Adventsbaum

Statt des Weihnachtsbaumes wird ein aus Brettern und Latten selbstgebauter Adventsbaum Jahr für Jahr aufgestellt. Zuerst sind seine Zweige leer. Aber von Tag zu Tag wird der Adventsbaum voller. Und Weihnachten trägt er all das, was wir im Advent auf seine Zweige gestellt haben. Im nächsten Jahr kann derselbe Adventsbaum wieder aufgestellt werden.

In Schweden war es gewesen. Ingo erinnerte sich genau daran. Papa und Onkel Klaus hatten einen Freund dort, Onkel Olaf. Der hatte die drei warmen und gemütlichen Holzhäuser auf der schwedischen Insel besorgt, die nur durch eine Brücke mit dem Festland verbunden war. Häuser, in denen sogar die Garagen beheizt waren, damit die Autos nicht einfrieren konnten.

Am 22. Dezember fuhren sie dorthin, drei Familien, um Weihnachten zu feiern. Es war bitter kalt. Der Schnee lag so hoch, daß sie Skier brauchten, wenn sie weiter weggehen wollten. Die Tage waren kurz, aber trotzdem schien jeden Tag die Sonne.

Am Heiligen Abend zogen sie alle in den Wald und sägten drei Weihnachtsbäume ab. Für jede Familie einen. Grüne, gesunde Bäume. Papa stutzte den Baum zurecht und stellte ihn in einen großen Krug in der

Diele. Später holten sie den Baum dann ins Wohnzimmer. Sie hängten Bonbons in bunten Papierchen an seinen Zweigen auf und steckten rote Kerzen an. Ein wunderschönes Weihnachten!

Eng umschlungen saßen sie an diesem Abend um ihren Baum und sangen Weihnachtslieder. Ingo, Tini, Mama und Papa.

Am 28. Dezember mußten sie schon wieder zurück nach Deutschland. Papa hatte am 30. Dezember Dienst. Er arbeitete bei einer Sparkasse, und dort gab es gerade zum Jahreswechsel besonders viel zu tun. Und der Weihnachtsbaum?

Er war doch erst am Heiligen Abend abgesägt worden. Das ganze Haus roch nach dem Baum. „Wir können ihn nicht mitnehmen!" sagte Papa und belud das Auto in der warmen Garage.

„Und was machen wir mit ihm?" fragte Ingo ratlos.

„Wir lassen ihn einfach im Wohnzimmer stehen!" meinte Tini. „Die nach uns kommen, werden sich freuen!"

„Die werden sich überhaupt nicht freuen!" stellte Papa fest. „Weihnachten ist längst vorbei!"

„Und was machen wir mit ihm?"

„Bringt ihn aus dem Haus!" sagte Papa. „Er ist noch so frisch, daß das Holz im Kamin noch nicht brennen wird. Also bringt ihn in den Schuppen neben dem Haus!"

Als sie dann den Baum zum Schuppen trugen, da waren Ingo und Tini sehr traurig. Papa packte schweigend am Auto herum. Und manchmal seufzte er leise. Sicherlich dachte er dann auch an den Baum. Nur ein paar Tage hatte er im Wohnzimmer stehen dürfen. Die Freude war kurz gewesen. Sehr kurz. Jetzt lag er drüben im Schuppen und wartete darauf, daß ihn irgend jemand verfeuerte. Dafür hatten sie ihn abgesägt! Dafür hatte der junge Baum sterben müssen! Wie schade!

Als die nächste Adventszeit herankam, sägte und werkelte Papa im Keller: Er bastelte aus Holzleisten und Latten einen „Baum", einen Weihnachtsbaum, der nie sterben würde! Und am ersten Adventssonntag schmückte er mit den Kindern den Baum. Sie stellten dicke rote Kerzen auf die Lattenäste. Dann hängten sie Äpfel auf und allerhand Weihnachtskrimskram, den Mama in einer Schachtel auf dem Speicher aufhob. Jeden Tag kam etwas hinzu. Und abends steckten sie die dicken Kerzen an.

„Ein Adventsbaum ist das!" sagte Papa. „Wir stellen ihn nun immer im Advent bei uns auf. Und dann darf er hier stehen bis Weihnachten!"

Und wirklich! Weihnachten stand er noch genauso da. Nur die Kerzen hatte Mama erneuert. Sie waren niedergebrannt.

Nach Neujahr baute Papa den Baum auseinander. Ingo und Tini halfen ihm dabei. Sorgfältig wurde alles verpackt und verwahrt und auf den Speicher gebracht. Im nächsten Jahr holten sie es wieder herbei und bauten den Holzbaum wieder zusammen. Sie vermißten keinen Weihnachtsbaum; sie hatten ja ihren Adventsbaum!

Ingo und Tini sind jetzt beide groß.

Ingo ist selbst schon Papa. Er und Petra, seine Frau, haben für die kleine Dorothea einen Adventsbaum gebastelt, genauso einen wie der, den er als Kind gehabt hat. Denn ohne Adventsbaum – das wäre für Ingo kein richtiges Weihnachten.

Und die kleine Dorothea steht vor dem Adventsbaum und pustet ganz behutsam eine dicke Kerze nach der anderen aus.

„Schön!" sagte sie immer wieder. „Wunderschön!"

Rolf Krenzer

Einen Adventsbaum aufstellen. Jeden Tag legen wir etwas auf seine „Zweige". Und alles, was darauf gestellt wird, hat eine besondere Geschichte.

Tanjas Mutprobe

Weil Tanja mit zum Forsthaus darf, um den Weihnachtsbaum abzuholen, freut sie sich sehr. Als sie aber dann im Dunkeln auf ihren Vater warten muß, bekommt sie Angst. Die Taschenlampe hilft ihr, die Angst zu überwinden.

Tanjas Onkel erzählt oft Gespenstergeschichten. Tanja hört ihm gern zu, aber wenn sie später in ihrem Bett liegt, bekommt sie große Angst. Dann sieht sie all diese schrecklichen Gespensterköpfe vor sich. Sie schlüpft unter die Bettdecke und läßt nur ein kleines Loch zum Atmen frei. Bald beginnt sie zu schwitzen, aber sie traut sich nicht unter der Decke hervor. Nicht einmal das Taschentuch, das aus dem Bett gefallen ist, hebt sie auf. Es könnten ja plötzlich Geisterhänder unter dem Bett hervorkommen und nach ihr greifen!

Als Papa abends vom Geschäft kommt, sagt er: „Ich habe unseren Christbaum telefonisch beim Förster bestellt und soll ihn heute abend noch abholen. Begleitest du mich, Tanja?"

Sie freut sich, aber weil es schon dunkel ist, steckt sie ihre Taschenlampe in die Manteltasche. Das Forsthaus liegt am Ende des Dorfes. Papa und Tanja gehen die Straße entlang. Die Fenster der Häuser sind erleuchtet, aber die Gärten sehen so finster aus. Ein Glück, daß Papa dabei ist.

Schließlich kommen sie zum Forsthaus. Es steht in einem großen Garten. Tanja weiß, daß in dem Garten hohe Bäume stehen, aber heute sind überall seltsame, schwarze Gestalten. Tanja greift nach Papas Hand und möchte nicht weitergehen. Der lacht: „Leucht sie doch mal mit deiner Taschenlampe an!“ Tanja knipst die Lampe an und atmet erleichtert auf: die schwarzen Gestalten sind lauter Christbäume, die der Förster in seinem Garten zum Verkauf aufgestellt hat.

Sie läuten, der Förster kommt heraus und zeigt Papa den Christbaum, den er für ihn ausgesucht hat. Das Bäumchen ist so groß wie Tanja. Im Hauseingang bezahlt Papa, dann machen sie sich auf den Heimweg. Als sie gerade den Garten verlassen wollen, öffnet der Förster noch einmal die Haustür und ruft: „Herr Geiger, ich möchte ihnen noch ganz rasch etwas zeigen.“ Papa weiß nicht, wohin mit dem Christbau, drückt ihn Tanja in den Arm, sagt: „Ich bin gleich wieder da“, und läuft ins Haus.

Da steht nun Tanja allein im dunklen Garten. Sie kann Papa nicht nachlaufen, da sie ja den Christbaum im Arm hält. Zum Glück ist die Tür zum Forsthaus nur angelehnt, sie sieht einen Lichtstrahl in der Türöffnung. Tanja starrt auf das Licht, denn die dunklen Bäume im Garten sehen wieder wie Gespenster aus. Da schlägt ein Windstoß die Haustür zu.

Nun ist es ganz dunkel. Tanja zittert vor Angst. Wenn sich nun jemand hinter einem der Bäume versteckt hat? Wenn nun plötzlich eine weiße Gestalt hinter der Hausecke hervorschaute? Wenn doch Papa endlich käme! „Ich zähle bis hundert“, denkt sie, „wenn Papa bis dahin nicht kommt, laufe ich zum Haus und läute.“ Tanja zählt, aber sie muß immer wieder von vorn anfangen, weil sie vor lauter Angst nicht denken kann. Da fällt Tanja die Taschenlampe ein. Mutig knipst sie sie an und sieht, daß die Bäume ruhig dastehen. Sie sehen ebenso ungefährlich aus wie der kleine Christbaum, den sie im Arm hält. Tanja atmet auf.

Endlich öffnet sich die Tür, und Papa kommt. „Nun hat es doch länger gedauert“, sagt er. „Hoffentlich hast du keine Angst gehabt.“ Tanja schluckt: „Doch, ich habe Angst gehabt, sehr sogar. Aber ich bin stehengeblieben.“ Und stolz knipst sie die Taschenlampe an und aus.

Mechthild Theiss

In einem abgedunkelten Raum mit der Taschenlampe leuchten – Mit Kerzen dden Raum hell machen – eine, zwei, drei und viele Kerzen. – Licht im Dunkeln anzünden und erleben, wie es die Dunkelheit durchbricht, wie es wärmt und sicher macht.

Der arme Weihnachtsbaum

Am Weihnachtsbaum können alle möglichen Sachen hängen. Wenn aber Plätzchen und andere Süßigkeiten dort zu finden sind, dann wissen die Kinder gleich, was man damit tun kann!

So ein Weihnachtsbaum
hat es schwer.

Kaum
blitzen an seinen Zweigen
Kugeln, Lametta und Kerzen,
kommen noch Schokoladengeigen,
Nüsse und Kringelherzen,
Weihnachtsmänner und Marzipan
an die beladenen Zweige dran.

Nein, lieber Tannenbaum,
du mußt an den Weihnachtstagen
viel zuviel unnütze Dinge tragen.
Wie die Zweige sich biegen!
Schau nur her!

Wir brauchen den andern ja
nichts zu sagen.
Hm! – Danke sehr!

Ortfried Pörsel

Wir berichten von dem Weihnachtsbaum bei uns zu Hause. Hängt auch bei uns buntes Naschwerk an seinen Zweigen? Wir schmücken einen Baum mit Bonbons, Plätzchen usw. für die Weihnachtsfeier. Und danach dürfen wir ihn vor Weihnachten noch plündern.

Die Gewitterhexe

Eigentlich wollten die Hexen vor Weihnachten so richtig für Ärger sorgen. Aber dann wird ihre Zauberkraft durch das Weihnachtslicht genommen. So gehen sie in die große Stadt, tun allerhand Nützliches und erleben, wie schön Weihnachten sein kann. Da werden die Hexen zu wirklich lieben und freundlichen Frauen.

Die Gewitterhexe ist ein winziges Frauchen mit einer langen, langen Nase. Im Sommer bekommt sie oft Besuch von ihrer Freundin, der Kräuterhexe. Die verstreut überall im Gewitterhexenhäuschen ein Pulver, das hat sie selber aus ihren Kräutern gemacht. Das kitzelt und beißt in der langen, langen Nase.

„Hatschi, hatschi, hatschi“, sagt die Gewitterhexe. Und immer, wenn sie niest, gibt es irgendwo ein Gewitter.

Der Eiskönig hat Gewitter nicht gern. Er liebt die Stille. Darum macht auch der Schnee, daß alles leiser tönt als sonst. Im Winter muß man dem Eiskönig gehorchen. Er verbietet der Kräuterhexe, ihre Freundin zu besuchen. Und die Gewitterhexe muß zu Hause bleiben, damit sie sich nicht erkältet. Wenn man Schnupfen bekommt, niest man ja. Darum sitzt die Gewitterhexe in der Weihnachtszeit in ihrem Waldhäuschen und freut sich nicht wie die Menschen. Ganz böse schaut sie drein.

An einem besonders kalten, dunklen Wintertag brummt sie vor sich hin: „Langweilig ist mir, nichts habe ich zu tun. Und wenn ich auch nicht aus dem Haus darf, weil ich mich sonst erkälte, bin ich doch schon heiser vom vielen Schimpfen.“ Die kleine, schwarze Katze will sie trösten. Sie streicht um ihre Beine und sagt:

„Miau, miau, was fehlt dir liebe Frau?“

„Laß mich in Ruhe“, schimpft die Gewitterhexe und stößt sie mit dem Fuß weg. Zornig faucht die kleine, schwarze Katze:

„Miau, miau, du böse Hexenfrau.“

„Lumpentier“, schreit die Gewitterhexe und nimmt einen Holzlöffel. Damit will sie die kleine, schwarze Katze schlagen. Da klopft jemand an die Türe.

„Besuch“, sagt die Gewitterhexe. „Wer mag das sein?“

Sie öffnet die Tür, und herein kommt die Traumhexe. „Guten Abend Gewitterhexe“, sagt sie, „mach dich bereit, wir wollen heute alle zusammen ausfliegen.“

„Dummes Zeug“, knurrt die Gewitterhexe, „im Winter fliegen wir doch nie. Der Eiskönig hat es verboten! Ich darf doch überhaupt nicht ausgehen.“

Die Traumhexe packt sie am Arm: „Du mußt aber mitkommen! Dieses Jahr gehorchen wir nicht. Warum soll uns der langweilige Eiskönig allen

Spaß verderben? Wir wollen zusammen ausfliegen, keine darf fehlen."

Zögernd macht die Gewitterhexe ihren Besen bereit und folgt der Traumhexe. Die führt sie zu den anderen Hexen. Alle sitzen schon auf ihren Besen wie auf Steckenpferden. „Los", sagt die Traumhexe, „wir fliegen zur großen Stadt." Und schon reiten sie durch die Luft.

Die Traumhexe fliegt voran. Alle sollen ihr heute helfen. In dieser dunklen Nacht will sie viele Menschen erschrecken, besonders die kleinen Kinder. Die sollen glauben, im dunklen Zimmer sei jemand unter dem Bett oder hinter dem Schrank. Ein großer Wolf vielleicht. Oder eine Hexe.

Natürlich ist niemand da, das sind nur Träume. Diese Träume hat die Traumhexe in ihrem feuerroten Kopftuch. Das will sie ausschütteln über der großen Stadt. Dann träumen die Kinder und schreien, bis Mama oder Papa ein Licht anzünden und sie sehen, daß wirklich kein Wolf unter dem Bett ist und keine Hexe hinter dem Schrank.

Die Hexen fliegen schnell. Schon sind sie nahe bei der großen Stadt. Da hören sie eine wundervolle Musik. Die Zankhexe hält sich die Ohren zu und ruft: „Entsetzlich! Das sind ja Weihnachtslieder!"

„Wir müssen umkehren", sagt die Traumhexe, „die Weihnachtsengel haben den Kindern in der großen Stadt schon schöne Träume gebracht. Schnell, zurück in den finsteren Wald."

Aber es ist zu spät. Die Weihnachtsengel kommen den Hexen entgegen. Hell leuchten ihre Kerzen. Die Hexen sehen und spüren die hellen, warmen Strahlen. Ihre Besen werden schwer. Sie sinken und sinken, sie können nicht mehr fliegen, weil das Weihnachtslicht ihre Zauberkraft vernichtet hat.

„Die Engel sind viel stärker als wir", seufzt die Traumhexe, „wir können nicht mehr fliegen und müssen zu Fuß nach Hause gehen."

Die Gewitterhexe lacht: „So schnell gehen wir nicht heim, wenn wir im Winter einmal unterwegs sind. Aber wir müssen uns bewegen, sonst frieren wir und erkälten uns."

„Was können wir denn tun?" fragt die Traumhexe und hüllt sich ein in ihr Kopftuch. Sie will es nicht mehr ausschütteln, es soll ihr Wärme geben.

Die Kräuterhexe hat einen Vorschlag: „Zum Fliegen können wir unsere Besen nicht mehr brauchen, aber zum Putzen. Wir gehen in die große Stadt und kehren alle Straßen sauber. So frieren wir nicht und können uns die Stadt ein wenig ansehen."

Alle Hexen sind einverstanden.

„Es ist zwar keine Hexenarbeit, aber es macht auch Spaß", kichert die Zankhexe.

Also gehen sie alle in die große Stadt und putzen, bis es Morgen wird. Da sind alle Straßen sauber für das Weihnachtsfest. „Jetzt aber los, nach Hause“, sagt die Traumhexe, „die Menschen sollen uns nicht sehen.“

Gleich machen sich alle Hexen auf den Weg. Das dauert lange und ist mühsam, Fliegen geht leichter und schneller. Den ganzen Tag wandern die Hexen. Sie werden davon sehr müde.

Endlich steht die Gewitterhexe wieder vor ihrem Häuschen im Wald. Es ist schon ganz dunkel. Drinnen wimmert die kleine, schwarze Katze. Sie ist hungrig und durstig und fühlt sich so allein.

Eigentlich möchte die Gewitterhexe sich gleich hinlegen und schlafen. Aber sie geht zu der kleinen, schwarzen Katze, streichelt sie und gibt ihr Milch. Zufrieden leckt die Katze ihren Teller leer und sagt freundlich:

„Miau, miau, miau, schlaf gut, du liebe Frau.“

Da legt sich die Gewitterhexe hin und schläft ein, und alle die anderen Hexen schlafen auch. Aber die Menschen in der großen Stadt feiern fröhliche Weihnachten. „Unsere Straßen glänzen wie noch nie zuvor“, sagen sie, „wie kommt das wohl?“

Ursula Burkhard

Die Geschichte in verschiedene Szenen einteilen und in ein Rollenspiel umsetzen. – Spiel mit Stabpuppen, Puppenspiel, Tischtheater, Bildergeschichte zu dem Text ausarbeiten.

Was der Winter bringt

Das nachfolgende Gedicht gibt all das wieder, was sich für Kindergartenkinder mit dem Dezember verbindet.

Mit den Vögeln ist der Herbst fortgezogen,
der Winter kommt ins Land gezogen
und zeigt, was er kann:
Rauh wehn die Winde,
sie malen dem Kinde
die Wangen rot an.
Über Nacht schickt er Eis,
glänzend und glatt.
Da stolpert und holpert
und purzelt und schnurzelt,
was Beine nur hat.
Klamme Hände, rote Nasen
(und niemand denkt an den Osterhasen),
Husten und Halsweh,
Mutter kocht Kamillentee.
Schneemützen und -hauben,
frierende Tauben
und Plustergefieder,
Weihnachtslieder.
Engellocken aus Silberhaar,
Erinnerungen, wie es früher war.
Geschichten erzählen,
Geschenke auswählen.
Kerzen und Kuchen
(willst du ihn versuchen?),
Äpfel und Nüsse
und Weihnachtsgrüße.
Stahlblauer Himmel,
Sternengewimmel in klarer Nacht . . .
Das alles hat der Winter gebracht
und schließlich noch die Heilige Nacht.

Heidi Kaiser

Für Papa von Dorothea

Von Weihnachtswünschen und
Weihnachtsgeschenken

Vom Schenken und Beschenktwerden

Für Papa von Dorothea

Große Aufregung um ein Weihnachtsgeschenk, das plötzlich verschwunden ist. Oder wurde es von den anderen überhaupt nicht als Weihnachtsgeschenk erkannt? Doch mit der Hilfe von Mutti und dem älteren Bruder findet Dorothea ihr Geschenk für Papa tatsächlich wieder, und Weihnachten ist gerettet.

Am 24. Dezember geht es noch einmal hektisch zu. Oma und Opa wollen spät am Nachmittag kommen. Die letzten Plätzchen sind gebacken. Mutti und Florian bereiten den Heringssalat zu, der seit vielen Jahren schon immer am Heiligen Abend als Festessen auf dem Tisch stehen soll. Und die kleine Dorothea ist dabei, all die vielen Dinge, die in den letzten Wochen von ihr gebastelt wurden, so zu verpacken, daß richtige Geschenke daraus werden. Dafür braucht sie viel buntes Weihnachtspapier, viele Klebestreifen und ebenso viel von dem silbernen Band, das Mutti extra für Weihnachtsgeschenke gekauft hat.

Dorothea hat viel zu verpacken. Schließlich standen die letzten Wochen im Kindergarten ganz unter dem Thema der Weihnachtsbasteleien, und Dorothea hat für jeden etwas gebastelt, den sie lieb hat. Für Mutti und Vati, für Florian und den Dackel Claudio, für Oma und Opa und auch für die Großeltern aus Stuttgart, die heute zu Weihnachten nicht kommen können.

Aber nicht nur im Kindergarten war Dorothea fleißig. Auch zu Hause hat sie zusammen mit Mutti und Florian überall mitgeholfen, damit es richtig Weihnachten werden konnte. Sie hat beim Plätzchenbacken kräftig zugepackt und weiß jetzt bereits, daß alles, was da in den letzten Wochen gebacken wurde, köstlich schmecken wird. Die knackigen Salzstangen ebenso wie die Butterplätzchen, der Heidesand und die dunklen Lebkuchen, die Dorothea eigenhändig mit brauner Schokoladencreme bestrichen hat. Mutti hat immer wieder versucht, Dorothea ein bißchen zurückzuhalten, wenn sie den Teig, den Guß und schließlich die fertigen Plätzchen probieren mußte. Aber Dorothea hat einen guten Magen, so daß sie wohl auch die Feiertage wohlbehalten überstehen wird.

Mit dem Verpacken gibt es einige Schwierigkeiten. Sehr oft muß Mutti ihre Arbeit unterbrechen, die Hände abwaschen und abtrocknen, um Dorothea beim Verpacken und Zukleben, besonders aber beim Zubinden zu helfen. So geschickt sind ihre kleinen Hände noch nicht, daß sie das alles ohne die Hilfe der Mutter schafft. Zudem soll an jedes Päckchen noch ein Anhänger mit Namen, damit man weiß, wer es bekommt.

Dorothea achtet gewissenhaft darauf, daß Mutti den Namen nicht einfach aufschreibt, sondern Dorotheas Hand langsam führt, weil sie schließlich alles selbst machen will. Und dazu gehört auch das Schreiben, wenn Dorothea bisher auch nur einige Buchstaben in Druckschrift schreiben kann. Aber wenn Mutti hilft, dann klappt es sogar in Schreibschrift. Als Mutti gerade die Heringe aus dem Wasser genommen hat und schneiden will, um sie dem Salat zuzufügen, steht Dorothea wieder neben ihr.

„Schau, jetzt geht es nicht!" sagt Mutti. „Meine Hände riechen nach lauter Hering. Laß mich zuerst den Salat fertig machen!"

„Und wo ist mein Geschenk für Papa?" Mit großen Augen schaut Dorothea zu ihr auf. „Alles ist da! Nur mein Geschenk für Papa nicht!"

„Florian hilft dir suchen!" sagt die Mutti und winkt Florian zu. Und weil heute Heiliger Abend ist, ist der große Bruder tatsächlich bereit, mit Dorothea alle Geschenke durchzusehen.

Nach einer Weile steht Dorothea wieder vor ihrer Mutter.

„Papas Geschenk liegt nirgends rum! Wir haben nichts gefunden!"

Florian steht hinter ihr und hebt bedauernd die Hände.

„Wir haben in all ihren Schubladen nachgesucht!" sagt er. „Die ganze Spielkiste habe ich umgekippt!"

„Papas Geschenk ist nicht in der Spielkiste!" sagt Dorothea bestimmt. „Es muß da sein, wo die anderen Geschenke auch waren!"

Sie zeigt mit ihrer kleinen dicken Hand auf die rechte Ecke der Fensterbank. Dort hat sie all ihre Geschenke in den letzten Wochen aufgetürmt und mit einem grünen Seidentuch bedeckt, so daß jeder wohl wußte, daß dort Dorotheas freudige Überraschungen lagerten, aber auf keinen Fall das Tuch herunternehmen durfte, um die Geheimnisse preiszugeben.

Allerdings ist jetzt die Fensterbank leer. Dafür liegen Dorotheas Geschenke sorgsam eingepackt und zugeschnürt auf dem Spieltisch im Kinderzimmer.

„Seht doch noch einmal überall nach!" meint die Mutter. „Vielleicht ist es ja heruntergefallen!"

Als Florian mürrisch mit Dorothea abziehen will, fügt sie noch hinzu: „Was war es denn überhaupt, was du Papa schenken wolltest?"

Sogleich wendet sich Dorothea um, kommt zu Mutti zurück und sieht sie mit ihren großen Augen fassungslos an.

„Du weißt nicht, was ich Papa schenken will?" fragt sie und kann es nicht fassen. „Du weißt nicht, was ich für ihn gemacht habe! Den ganzen Nachmittag lang! Den riesengroßen Sternenhimmel!"

Ja, jetzt erinnert Mutti sich. Dorothea hatte von einem Paket, das letzte Woche gekommen war, das ganze Packpapier für sich beansprucht. Sie hatte sich damit in ihr Zimmer verzogen und anschließend so viele Papierschnipsel hinterlassen, daß Mutter am Abend noch ärgerlich alles wieder zusammengekehrt hatte. Sie hatte sich nicht vorstellen können, wie ein einziges Kind mit einem einzigen großen Stück Packpapier so viele Schnitzel und Papierreste herstellen konnte.

„Ich habe ganz viele Sterne aus dem Papier geschnitten!" sagt Dorothea leise. „Und die Sonne und den Mond dazu. Und den Weihnachtsstern! Alles für Papa!"

Die Mutter erinnert sich nicht, jemals diesen Sternenhimmel für Papa gesehen zu haben. Auch Florian kann sich an nichts erinnern.

„Lag er auch dort auf der Fensterbank?" fragt er.

Dorothea schüttelt den Kopf.

„Nein!" sagt sie bestimmt. „Das Christkind hat ihn am Abend geholt und bewahrt ihn bis heute auf, damit er nicht kaputtgeht! Aber jetzt will ich ihn haben und für Papa einpacken!"

Da dämmert es der Mutter nach und nach, daß all die Papierreste und klebrigen Schnipsel, die sie damals ärgerlich in den Papierkorb gestopft hat, die Sterne von Dorotheas Sternenhimmel waren.

„Warum hast du mir nichts davon gesagt?" fragt sie. „Warum hast du mir nicht verraten, was du aus dem Packpapier gebastelt hast? Warum hast du mir nicht gesagt, daß das der Sternenhimmel ist?"

„Es war doch eine Überraschung!" antwortete Dorothea. „Vielleicht hättest du es Papa verraten!"

„Außerdem hat das Christkind ja alles abgeholt!" sagt Florian und feixt.

Es wird jetzt sehr schwer werden, der kleinen Dorothea beizubringen, daß der Sternenhimmel, an dem sie einen ganzen Nachmittag gearbeitet hat und der ihr Geschenk für Papa ist, den Weg allen Mülls gegangen ist. Ausgerechnet am Heiligen Abend wird Dorothea eine große Enttäuschung erleben müssen. Da wird es auch wenig nützen, wenn Mutti ihr anbietet, jetzt gleich noch mit ihr zusammen etwas für Papa zu basteln.

Die Mutter seufzt. Als sie aber in das feixende Gesicht ihres Sohnes blickt, kommt ihr doch noch eine Frage.

„Hast du eigentlich am Samstag alle Papierkörbe ausgeleert, wie ich es dir gesagt habe?"

„Natürlich!" sagt Florian, beeilt sich aber sogleich davonzukommen. Er ist sich jetzt selbst nicht so sicher. Schließlich ist heute Montag. Und wer erinnert sich noch daran, ob er Samstag die Papierkörbe ausgeleert hat.

„Warte mal!" sagt Mutti zu Dorothea. „Ich bin gleich wieder da!"

Sie schiebt ihr ein paar von den geschälten Walnüssen hin, die noch in den Heringssalat kommen sollen. Dann läuft sie hinter Florian her.

Es ist schon ein seltsamer Tag, dieser 24. Dezember. An diesem Tag wird Florian von seiner Mutter gelobt, weil er vergessen hat, den Papierkorb in Dorotheas Zimmer auszuleeren. An diesem Tag erhält der Vater von seiner kleinen Tochter einen Sternenhimmel, der reichlich zerknittert und zerdrückt ist, an einer Ecke sogar eingerissen. Aber Dorothea erklärt ihm überzeugend, daß gerade das das Besondere an ihm sei. Der Sternenhimmel sei plötzlich heute nachmittag verschwunden gewesen und dann überraschend wieder aufgetaucht. Und dann sei er noch von Florian, von Mutti und von ihr selbst gebügelt worden.

Als alle später gemütlich zusammensitzen und Dorothea ihren Vater fragt, was ihm nun von allem am besten gefallen habe, antwortet er: „Der Sternenhimmel! Nur der Sternenhimmel!“

Sie bemerkt nicht, daß Mutti und Florian sich erleichtert zublinzeln.

Rolf Krenzer

Wir malen viele Sterne, schneiden sie aus und kleben sie auf. Für jeden Adventstag ein Stern. – Selbst einen Sternenkalender gestalten. – Zu jedem Tag eine Geschichte und ein Bild.

Und viel Gesundheit

Mit den Weihnachtsgeschenken hat man es oft schwer. Besonders schwierig ist es, geeignete Geschenke für Erwachsene zu finden. Sie haben ja schon alles. Aber Mareike schenkt der Großmutter ein ganz persönliches Geschenk.

Was soll man nur der Oma zu Weihnachten schenken? Das ist recht schwierig, denn die Oma hat doch alles. Sie braucht selten neue Kleider, und in ihrem Haushalt ist auch nichts zu erneuern. Gewünscht hat sich die Oma jedenfalls nichts. Nur „viel Gesundheit“, aber die kann man schlecht schenken.

Mareikes Eltern kommen zu dem Entschluß, der Oma Geld zu schenken. Sie wird sich schon etwas dafür kaufen, das sie wirklich gebrauchen kann. Nur Mareike gefällt diese Idee ganz und gar nicht. So überlegt sie hin und her. Aber was kann sie schon schenken? Da sieht sie ihre Strickliesel und hat einen Einfall. Den wird sie gleich in die Tat umsetzen! Ganz bestimmt!

Wie in jedem Jahr lädt Oma Mareike und ihre Eltern am ersten Weihnachtstag ein. Die Oma ist schon alt, oft erkältet und traut sich nicht mehr so richtig, allein die Wohnung zu verlassen. Deshalb freut sie sich, wenn sie Besuch bekommt, besonders aber, wenn Mareike mit dabei ist. Oma wohnt allein in ihrer Wohnung. Manchmal schauen Nachbarn zu ihr herein und machen Besorgungen für sie.

Am ersten Weihnachtstag nach dem Kaffeetrinken überreicht der Vater der Oma einen Briefumschlag mit Geldscheinen. Ganz wohl ist es ihm dabei nicht. Oma nimmt den Briefumschlag an und bedankt sich. Aber dann erzählt sie den Eltern etwas, was wirklich passiert ist. Gestern nachmittag. Am Heiligen Abend.

Da klingelte es nämlich an der Haustür. Und als die Oma öffnete, stand Mareike da. Zu Hause hatten sie nicht bemerkt, daß Mareike weggelaufen war. Mareike hatte draußen gespielt, und die Eltern waren im Wohnzimmer dabeigewesen, alles für die Bescherung am Abend vorzubereiten. So hatte sich Mareike unbemerkt auf den Weg zur Oma machen können.

„Von meinen Eltern bekommst du morgen Geld!" sagte Mareike, als die Oma mit ihr im Wohnzimmer saß. „Aber das gefällt mir nicht so sehr. Ich möchte dir etwas anderes schenken!"

Und dann packte Mareike aus, was sie für die Oma mit der Strickliesel gestrickt hatte! Einen dicken, warmen Schal in vielen bunten Farben! Sie hatte all die langen Würste, die unten aus der Strickliesel herausgekommen waren, zusammengenäht. So war es ein richtiger Schal geworden, den sich die Oma um den Hals legen konnte.

„Du hast dir doch viel Gesundheit gewünscht!" sagte Mareike. „Hier hast du sie!" Und Oma? Sie freute sich so sehr, daß sie Mareike ganz fest an sich drückte. Ein so schönes und so liebes Geschenk hatte sie seit vielen Jahren nicht mehr bekommen.

Richtig nasse Augen hat die Oma, als die das alles den Eltern erzählt. „Stellt euch vor", sagt sie, „damit du dich nicht mehr so schnell erkältest, hat Mareike gesagt. Und damit deine Halsschmerzen bald wieder vergehen!"

Und dann steht die Oma auf, geht ins Schlafzimmer und kommt mit dem bunten Schal zurück. Sie legt ihn sich um den Hals. Die Eltern sitzen ruhig und nachdenklich da.

Nach einer Weile räuspert sich der Vater. Er nimmt Mareike einfach auf seinen Schoß und sagt zu ihr: „Ehrlich, du bist ein toller Kerl! Ein ganz, ganz toller!"

„Und ich bin richtig stolz auf dich!" fügt die Mutter hinzu.

Renate Wurziger

Was kann man dem Opa, der Oma schenken? – Vorschläge sammeln, aufmalen, so daß eine Ideenbörse entsteht.

Was soll ich schenken?

Was können Kinder Erwachsenen schenken? Hier werden einige gute Vorschläge gemacht. Wenn ein Geschenk Mühe macht, dann ist es ein wirkliches Geschenk.

„Ich weiß nicht“, sagt Simon,
„was ich den anderen zu Weihnachten schenken soll.
Mein Taschengeld ist ja schon alle.
Oma hat gesagt, ich soll was basteln.
Aber bei mir sieht immer alles
so schief und verkleckert aus.
Und das meiste wird erst gar nicht fertig.“

„Mach’ s doch wie ich“, sagt Sabine.
„Ich schenk’ Oma zehnmal Hunde-Ausführen.
Opa bekommt von mir zehnmal Garage-Ausfegen.
Vati schenk’ ich,
daß ich nicht immer gleich heule,
wenn ich hinfalle oder mich stoße,
und Mutti, daß ich nicht quengle,
wenn sie keine Zeit für mich hat.
Ich wette, die freuen sich alle
ganz toll über meine Geschenke!“

„Hunde-Ausführen macht keinen Spaß“,
meint Simon. „Garage-Ausfegen noch weniger.
Und nicht heulen, wenn’ s wehtut,
ist anstrengend. Und manchmal
hab ich eben *Lust* zum Quengeln!“

„Stimmt“, sagt Sabine. „So geht’s mir auch.
Aber wenn das alles Spaß machen
und keine Mühe kosten würde,
dann wär’s ja kein Geschenk!“

Gudrun Pausewang

Wir sprechen darüber, was wir schenken können – Ideenbörse.

Was schenk ich dir zu Weihnachten?

Ein Kind hat Probleme. Es möchte einem Erwachsenen, den es ganz besonders lieb hat, auch etwas ganz Besonderes schenken. Da schenkt es am Ende sich selbst.

Was schenk ich dir zu Weihnachten,
daß es dir Freude macht?
Ich habe lang vor Weihnachten
schon drüber nachgedacht.

Was schenk ich dir? Was schenk ich dir?
Mir fällt fast nichts mehr ein.
Schön eingerahmt ein Bild von mir?
Ein Ring mit einem Stein?
Schenk ich ein Spiel? Ein Kuscheltier?
Ob dir das wohl gefällt?
Ein Buch? Ein Packen Briefpapier?
Doch all das kostet Geld!

Was schenk ich dir zu Weihnachten??

Für Oma und für Onkel Klaus,
für Mutti und Papa
gab ich mein Taschengeld schon aus,
und jetzt ist nichts mehr da.
Für Opa bastelte ich dann
'ne Kerze, die auch brennt –
das einz'ge, was ich basteln kann:
Mir fehlt halt das Talent.

Was schenk ich dir zu Weihnachten???

Jetzt steh ich da und frage mich:
Was könnt's für dich nur sein?
Das Schönste hätt' ich gern für dich,
doch mir fällt nichts mehr ein.
Weil ich dich ganz besonders mag,
möcht ich dich gern erfreun.
Drum soll' s zu diesem Weihnachtstag
was ganz Besondres sein.

Was schenk ich dir zu Weihnachten????

Doch als ich heute aufgewacht,
da hatt' ich's endlich raus:
Am Weihnachtsmorgen gegen acht
steh ich vor deinem Haus.
Ich rufe: „Hallo, ich bin hier!"
Ich klingel an der Tür
und bleib den ganzen Tag bei dir!
Dann hast du was von mir!

Das schenk ich dir zu Weihnachten,
weil das dir Freude macht!
Das hätt'st du dir zu Weihnachten
bestimmt nicht ausgedacht!

Rolf Krenzer

Als lustigen Abschluß eines Gesprächs über das Schenken nach dem vorherigen Text anbieten.

Friede auf Erden

In seiner allernächsten Umwelt, in seiner Familie, erfährt Michael, was es mit diesem „Friede auf Erden" auf sich hat, von dem er während der ganzen Adventszeit und jetzt auch zu Weihnachten immer wieder hört.

„Friede auf Erden!"
ruft Michael am ersten Weihnachtsfeiertag.
„Friede auf Erden –
man hört's gepredigt,
gesungen und musiziert,
Tag für Tag,
die ganze Adventszeit lang.
Immer Friede auf Erden,
Friede auf Erden!
Ich weiß,
der Engel über den Hirten hat's verkündigt.
Aber was nutzt das,
wenn ich's nicht verstehe?"

„Dann werden *wir's* dir erklären,
wir, die wir um dich herum leben",
sagt Pollux, der Dackel.
„Friede auf Erden,
das ist für mich,
wenn du so zu mir bist,
daß ich mit dem Schwanz wedeln muß."

„Friede auf Erden",
sagt die Katze Sissi,
„das ist für mich,
wenn du so mit mir schmust,
daß ich schnurre."

„Friede auf Erden",
sagt der Großvater,
„das ist für mich,
wenn du deine Hand in meine Hand schiebst
und ‚lieber Opa' sagst."

„Friede auf Erden",
sagt Michaels große Schwester Ute,
„das ist, wenn du mir von den Rumkugeln abgibst,
die du selber so gern ißt."

„Friede auf Erden",
sagt die Mutter,
„das ist, wenn du weinst,
weil ich mich an einer Scherbe geschnitten habe."

„Dann ist also Friede auf Erden,
wenn ich euch alle lieb habe?"
fragt Michael.

„Wenn einer alle,
die um ihn herum sind, lieb hat,
dann fängt der Frieden an",
sagt die Mutter.

„So einfach ist er, der Frieden?"
fragt Michael erstaunt.

„Er ist sehr empfindlich",
sagt der Großvater.

„Wenn du Sissi am Schwanz ziehst
oder Pollux anschreist
oder Ute den Füller versteckst,
wenn sie ihn gerade dringend braucht,
oder mir die Zunge herausstreckst
oder deine Mutter beschwindelst,
dann hört er auf.
Denn irgend jemand auf Erden
ist dann ärgerlich oder enttäuscht.
Ärger und Enttäuschung sind ansteckend.
Einer gibt's an den anderen weiter.
So wird aus Frieden Unfrieden."

„Unfrieden ist Krieg",
sagt die Mutter.
„Unfrieden ist, wenn ich dir eine klebe."

„Ach Mutti", ruft Michael,
„ich kann nicht warten,
bis du dich das nächste Mal
in den Finger schneidest!"
Er klettert auf ihren Schoß,
drückt sie ganz fest und ruft:
„Friede auf Erden!"

Gudrun Pausewang

Die Erzieherin beginnt: „Für mich ist Friede auf Erden, wenn..." Die Kinder machen den Satz fertig.

Weihnachtsgeschenke

Jeder bastelt etwas für Weihnachten. Tommy kann es noch nicht so gut wie seine älteren Geschwister. Aber Mutti versteht Tommy sehr gut, weil sie ihn so lieb hat. So wird auch Papa sich auf dem Bild wiedererkennen, das Tommy von ihm gemalt hat.

Die letzte Woche vor Weihnachten war angebrochen, und jeder steckte mitten in den Vorbereitungen für den Heiligen Abend. Mutter saß an der Nähmaschine und schneiderte etwas, was noch keiner erkennen konnte. Vielleicht einen Rock für Susi oder eine Bluse für Barbara, vielleicht aber auch ein Hemd für den kleinen Tommy, der seit Herbst in den Kindergarten ging.

Barbara strickte ohne Pause, weil der Pullover für Vater unbedingt fertig werden sollte. Und Vater war recht gewichtig, so daß viele Maschen gestrickt werden mußten. Susi bemalte Spanschachteln mit bunten Mustern. Sie hatte sich an dem kleinen Ecktisch verbarrikadiert und dicke Bücher aufrecht um sich herum aufgestellt, so daß niemand sehen konnte, was sie machte. Es sollte ja für alle eine Überraschung werden.

„Jetzt ist mein Bild für Papa fertig!" sagte plötzlich der kleine Tommy mit einem tiefen Seufzer und kletterte von dem Stuhl herunter, auf dem er über eine Viertelstunde lang eifrig am Küchentisch gemalt hatte.

„Ich habe den Papa gemalt!" rief er und schwenkte ein Stück Papier über seinem Kopf. Er rannte zu Susi, um ihr das Kunstwerk vorzuführen. Kein Wunder, daß dabei ein paar Bücher mit lautem Krach umstürzten und Susi alle Hände voll zu tun hatte, ihren Bruder von ihren geheimen Malereien fernzuhalten.

„Das soll Papa sein?" lachte sie laut, als sie die Schmierereien auf dem Blatt erblickte, das Tommy ihr entgegenstreckte. „Das sieht ja aus wie ein Huhn!" lachte sie. „Ja, wie ein Huhn in der Mauser!"

„Das ist kein Huhn!" meinte Tommy ärgerlich und riß ihr das Blatt aus den Fingern. „Das ist Papa!"

Barbara legte ihr Strickzeug zur Seite und betrachtete sich Tommys Bild von allen Seiten. „Du hast recht!" sagte sie schließlich. „Es ist kein Huhn! Aber Papa ist es auch nicht!" Sie überlegte eine Weile und meinte dann: „Wenn nicht alles so verschmiert wäre, könnte man vielleicht dort etwas erkennen!" Sie deutete mit ihrem Finger auf den linken oberen Rand des Blattes. „Das könnte zum Beispiel eine zusammengetretene Colabüchse sein. Aber eigentlich ist alles nur Gekrakel!"

„Es ist kein Geschmiere und kein Gekrakel!" sagte Tommy leise und war ganz nahe am Weinen. „Es ist Papa!" Er zeigte mit seinem kleinen dicken Finger auf einen riesigen blauen Fleck mitten auf seinem Bild.

„Und das ist Papas neue Hose!"

Die Mutter war aufgestanden und hatte über Tommys Schulter das Bild betrachtet

„Natürlich ist das Papa!" sagte sie und lachte. „Das sind einwandfrei seine blauen Hosen. Und so chaotisch und lustig wie das übrige, was Tommy gemalt hat, genauso ist Papa!"

„Ich sehe nichts von Papa auf diesem Bild!" stellte Barbara sachlich fest. „Noch nicht einmal einen Kopf hat er ihm gemalt!" fügte Susi hinzu.

Aber Mutter nahm ihren kleinen Jungen mit dem Bild auf den Schoß und sagte: „Er ist eben ein richtiger Künstler! Wenn er Papa so haben wollte, daß ihn jeder sogleich erkennt, dann hätte er ihn knipsen müssen. Aber wir haben schon so viele Fotos!“

Tommy nickte. Er war so glücklich darüber, daß seine Mutter ihn verstand. „Er hat den Papa von innen gemalt!“ sagte sie dann. „Er hat das gemalt, was andere nicht sehen können. Was in Papas Gedanken und in seinem Herzen vor sich geht. Zum Beispiel, daß er sich sehr über seine blaue Hose freut! Und daß er sehr lieb ist!“

Sie drückte ihren kleinen Jungen an sich und fragte ihn lächelnd: „Stimmt's?“

„Genau!“ sagte Tommy und nickte. Dann frage er aber vorsichtig nach: „Glaubst du, daß Papa sich auch gleich erkennt?“

„Bestimmt!“ lachte Mutter. „Ganz bestimmt!“

Rolf Krenzer

Gesprächsimpuls: Was hast du deinem Papa geschenkt, als du noch viel kleiner warst als heute? – Worauf es beim Schenken ankommt und was den Wert einzelner Geschenke ausmacht. – Worüber freuen sich die Eltern. – Worüber freue ich mich?

Bis Weihnachten ist das vergessen

Es ist schwer, Weihnachtsgeheimnisse für sich zu behalten. Gut, daß Christians Mutter alles ganz schnell wieder vergißt, was Christian ihr verraten hat.

Das ganze Jahr über hatte Christian fleißig gespart. Taschengeld bekam er nicht, weil er noch nicht in die Schule ging. Aber manchmal schenkte ihm jemand ein wenig Geld. Einmal waren es ein paar Pfennige von der Mutter beim Einkaufen, dann wieder einige Groschen von Leuten, die die Eltern besuchten, oder es war auch schon mal eine Mark von den Großeltern. Ein bißchen Geld hatte Christian sogar auf der Straße gefunden.

Diese Pfennige, Groschen und Markstücke hatte Christian in eine alte Kaffeedose getan. Hin und wieder zählte Mutter das Geld. Dann schrieb sie auf einen Zettel, wieviel Geld Christian hatte, und diesen Zettel legte sie auch in die Dose. Acht Mark und dreiundsiebzig Pfennig stand jetzt auf dem Zettel.

Christian konnte das nicht lesen, er wußte aber, daß acht Mark und dreiundsiebzig Pfennig gewaltig rasseln, wenn sie in einer Blechdose sind und geschüttelt werden.

Und dann kam Weihnachten. In diesem Jahr wollte Christian Mutter und Vater auch ein Geschenk kaufen. Er wußte auch schon, was er schenken wollte. Ein Kuchenteller sollte es sein. Neulich war er mit Mutter in der Stadt gewesen, sie hatten in den Kaufhäusern viele, viele Kleinigkeiten gekauft. Plötzlich war Mutter vor einem blauen Teller mit grünweißen Blumen stehengeblieben. „Ist der schön", hatte sie gesagt, war dann aber weitergegangen. Und diesen Teller wollte er der Mutter und Vater zu Weihnachten schenken.

Christian hatte sich genau gemerkt, in welchem Geschäft sie den Kuchenteller gesehen hatten. Und als die Oma das nächste Mal bei ihnen zu Besuch war, da hat er ihr davon erzählt. Da hat sie ihm versprochen, mit ihm in die Stadt zu gehen, um den Teller zu kaufen.

An einem Donnerstag hat Christian seine acht Mark und dreiundsiebzig Pfennige aus der Kaffeedose genommen, ganz heimlich, damit Mutter und Vater nichts merken. Er hat das Geld in seinen Brustbeutel gesteckt, und Oma und Christian sind gemeinsam in die Stadt gegangen. „Zum Bummeln", haben sie den Eltern erzählt.

In der Stadt haben sie den Laden sofort gefunden. Der Teller stand noch am selben Platz. „Ist der schön", hat auch die Oma gesagt, „den würde ich auch Mama und Papa schenken." Ganz vorsichtig hat Christian den Teller hochgehoben. Er hat ihn sich flach vor die Brust gelegt, und so sind sie zur Kasse gegangen. Dort hat Christian sein Geld ausgeschüttet, acht Mark und dreiundsiebzig Pfennige, und Oma hat der Frau an der Kasse auch noch etwas Geld gegeben. Komisch, wo Oma doch gar nichts gekauft hat. Ein bißchen hat Christian sich darüber gewundert, aber noch mehr hat er sich über sein Geschenk gefreut.

Der Kuchenteller kam zuerst in dünnes Papier und dann in eine Plaktiküte. Die trug Christian vorsichtig zu Omas Wohnung, und dort wurde sie im Kleiderschrank versteckt.

Immer wieder mußte Christian an das Weihnachtsgeschenk denken. Es war so schwer, nicht darüber reden zu dürfen, und Weihnachten war noch so weit. Doch da half der Zufall.

Mutter hatte ihm versprochen, eine neue Zahnbürste mitzubringen, und die hatte sie vergessen. „Zähneputzen ist wichtig", sagt Mutter immer. „Doch wenn sie so etwas Wichtiges vergißt, dann wird sie sicher auch vergessen, wenn ich ihr schon heute etwas vom Teller erzähle", dachte Christian.

Er ist also zur Mutter gegangen und hat ihr ins Ohr geflüstert: „Du, weißt du, was ich dir zu Weihnachten schenke? Das verrate ich dir nicht. Ich sage dir nur, wie es anfängt und wie es aufhört."

„Das will ich doch gar nicht wissen", hat Mutter noch gesagt, doch da sprudelte es schon aus Christian heraus: „Es fängt mit Kuchen an und hört mit Teller auf und kostet acht Mark und dreiundsiebzig Pfennige. Und du mußt alles bis Weihnachten wieder vergessen."

Einen Tag vor Weihnachten hat Christian den Kuchenteller aus Omas Wäscheschrank geholt, er hat ihn in Weihnachtspapier eingewickelt und am Heiligen Abend Mutter und Vater überreicht. Mutter hat an dem runden Päckchen gefühlt, sie hat es hin und her gedreht und dabei geraten. „Ob das eine Schallplatte ist? Oder ein rundes Knäckebrot? Oder ein rundes Holzbrett?" Da war sie schon ganz schön nahe dran. Und dann hat sie das Papier aufgerissen und „Oh" gemacht. „Ein Kuchenteller", hat sie gesagt, „daß ich da nicht drauf gekommen bin." Sie hat Christian in den Arm genommen und einen Dankeschönkuß gegeben. Auch Vater hat ihn gedrückt.

Doch Christian hat gedacht: „Wie gut, daß Mutter vergeßlich ist." Und darüber hat er sich diesmal richtig gefreut.

Hartmut Kulick

Was wollen wir zu Weihnachten schenken? – Versteckplätze für unsere Geschenke – Wissen wir schon, was wir zu Weihnachten bekommen? – Geheimnisse bewahren.

Geheimnisse vor Weihnachten

Vor Weihnachten haben auch die Erwachsenen ihre Geheimnisse. Aber manchmal weihen die Eltern ihre Kinder ebenso ein wie die Kinder ihre Eltern. So weiß Joachim, was seine Eltern schenken. Natürlich wird er keinem etwas verraten.

„Komm einmal mit. Ich will dir etwas zeigen!" sagt die Mutter zu Joachim.

Joachim folgt ihr in das Schlafzimmer. Die Mutter schließt leise die Tür und geht dann zum Kleiderschrank.

„Du darfst aber nichts verraten!" sagt sie.

„Ganz bestimmt nicht!" sagt Joachim. „Kein Sterbenswörtchen!"

Ganz hinten im Kleiderschrank hat die Mutter ein Geheimversteck. Sie kramt eine große Schachtel hervor und öffnet sie vorsichtig.

„Schau, das ist die Armbanduhr, die Vati zu Weihnachten bekommt. Und hier ist ein neuer warmer Pullover!"

„Hast du den selbst gestrickt?" will Joachim wissen.

„Ja, immer dann, wenn Vati nicht zu Hause war!" flüstert die Mutter.

„Und was ist das?“ fragt Joachim und deutet auf ein großes Päckchen in der Schachtel.

„Das wird nicht verraten! Das ist ein ganz besonderes Geheimnis!“ lacht die Mutter.

„Noch ein Geschenk für Vati?“ fragt Joachim.

„Nein, kein Geschenk für Vati!“ sagt die Mutter und verpackt die Schachtel wieder im Schrank.

„Du darfst aber nichts verraten!“ sagt sie.

„Ganz bestimmt nicht!“ sagt Joachim.

Auch der Vater nimmt Joachim heimlich beiseite. Ganz hinten in der oberen Schublade in seinem Schreibtisch hat der Vater sein Geheimversteck.

„Du darfst aber nichts verraten!“ sagt er.

„Ganz bestimmt nicht!“ sagt Joachim. „Kein Sterbenswörtchen!“

Da zeigt ihm der Vater den schönen Ring und das Buch, das er der Mutter zu Weihnachten schenken will. Joachim darf den Ring sogar einmal an seinem Daumen anprobieren.

„Du darfst aber nichts verraten!“ sagt der Vater.

„Ganz bestimmt nicht!“ sagt Joachim.

„Komm einmal mit!“ sagt Joachim heimlich zu seinem Vater und zieht ihn hinter sich her in das Kinderzimmer. Als die beiden wieder herauskommen, lächeln sie geheimnisvoll.

„Komm einmal mit mir!“ sagt Joachim zu seiner Mutter. Vorsichtig wickelt er den bunten Bleistiftspitzer für Vati aus dem Weihnachtspapier.

„Du darfst aber nichts verraten!“ sagt Joachim.

„Ganz bestimmt nicht!“ sagt die Mutter. „Kein Sterbenswörtchen!“

Vor Weihnachten hat jeder seine Geheimnisse. Am schönsten ist es aber, wenn man sein Geheimnis mit einem anderen teilen kann.

Aber nichts verraten! Kein Sterbenswörtchen!

Rolf Krenzer

Geheimnisse vor Weihnachten – Wie war es bei uns im letzten Jahr? – Wie ist es jetzt? – Wer hat alles Geheimnisse miteinander? – Gibt es auch vorweihnachtliche Geheimnisse im Kindergarten?

Das Weihnachtspäckchen

Wo sind nur die Geschenke, die ich vor langer Zeit bereits besorgt und sorfältig verpackt und versteckt habe?

Ich hab mein Weihnachtspäckchen
für dich in einem Eckchen
so gut versteckt.
So wird mein Weihnachtspäckchen
bestimmt in dem Versteckchen
auch nicht entdeckt.

Ich hab mein Weihnachtspäckchen
für dich in einem Eckchen
so gut versteckt.
Ich steckt es in ein Säckchen.
So wird mein Weihnachtspäckchen
bestimmt in dem Versteckchen
auch nicht entdeckt.

Ich hab mein Weihnachtspäckchen
für dich in einem Eckchen
so gut versteckt.
Ich wickelt's in ein Deckchen
und steckt es in ein Säckchen.
So wird mein Weihnachtspäckchen
bestimmt in dem Versteckchen
auch nicht entdeckt.

Nun krieg ich doch ein Schreckchen!
Ich hab dein Weihnachtspäckchen
zu gut versteckt.
Ich wickelt's in ein Deckchen
und steckt es in ein Säckchen.
Ich such dein Weihnachtspäckchen,
ich such in jedem Eckchen
und habe das Versteckchen
nicht mehr entdeckt.

Rolf Krenzer

Ein Gedicht, das immer länger wird und das immer schneller gesprochen werden kann. – Schnellsprechspiele. – Wer kann es am schnellsten?

Ein ganz besonderes Weihnachtsgeschenk

Kurz vor Weihnachten wird Annes kleiner Bruder geboren. Das ist ein ganz besonderes Weihnachtsgeschenk, das die anderen Weihnachtsgeschenke fast vergessen läßt.

Heute ist Anne besonders aufgeregt. Sie hat Mutter gefragt, wann das Geschwisterchen kommt. Mutter nimmt Annes Hand und legt sie auf ihren Bauch. Zuerst spürt Anne nichts, doch plötzlich drückt etwas gegen ihre Hand. Mehrmals hintereinander.

„Jetzt drückt es ganz fest!“ ruft Anne lauf und legt Mutters Hand auf die gleiche Stelle. Wenn man genau hinschaut, sieht man unter dem Kleid eine kleine Beule, die hin und her wandert. Mutter lacht und sagt:

„Vielleicht bekommen wir alle zum Weihnachtsfest ein ganz besonders schönes Geschenk!“

Zuerst versteht Anne sie nicht, doch dann schaut sie ihre Mutter an und weiß, daß sie das Baby meint.

In Annes Zimmer steht jetzt ihrem Bett gegenüber ein kleines Kinderbett. In dem hat Anne schon als Baby gelegen. An einer Stelle sieht man noch ganz genau, wo Anne immer die Farbe abgekratzt hat. Neben dem Bettchen stehen der Wickeltisch und eine Säuglingswaage.

Anne hat nun viel zu tun. Sie will dem Geschwisterchen eine große Weihnachtsüberraschung machen. Deshalb schneidet sie aus rotem, blauem und grünem Papier bunte Sterne aus. Das Papier ist durchsichtig. So fällt das Licht schön hindurch. Die Sterne klebt sie auf die Fensterscheibe. In der Mitte glänzen zwei große. Das sind die Sterneneltern. Um sie herum klebt Anne kleine Sternchen. Sie sind die Sternenkinder. Wenn das Baby die Augen öffnet, kann es die lustige Familie Stern gut erkennen. Anne stellt sich vor, wie es dann lachen wird. Auf das Kinderbett malt Anne einen kleinen einfachen Stall mit der Krippe und dem Jesuskind. Durch das alte Dach scheint der Mond über die heilige Familie.

In den nächsten Tagen ist die Mutter nicht daheim. Annes Tante ist gekommen und hilft im Haus. Ein bißchen traurig ist Anne schon, daß Mutter im Krankenhaus ist. Aber sie weiß ja, daß dort das Baby geboren wird. Abends sitzt Vater an ihrem Bett, und sie beten gemeinsam. In ihr Gebet schließen sie besonders Mutter und das Kind mit ein. Am nächsten Tag ist Vater lange fort. Es ist schon dunkel, als er nach Hause kommt. Kaum ist er in der Wohnung, drückt er Anne ganz fest an sich und ruft:

„Juchhu, du hast ein kleines Brüderchen!“ Alle freuen sich und erzählen und fragen wild durcheinander.

Bald ist Heiligabend, und im Wohnzimmer duftet ein strahlend heller Weihnachtsbaum. Sein Licht fällt auf ein kleines Kind in einer Wiege. Es ist Annes Brüderchen, das dort schläft. Neben der Wiege sitzt Mutter und bewegt sie behutsam hin und her. Mutter ist noch ein wenig blaß. Sie nimmt Anne in den Arm. Alle drei schauen sie auf das Kind.

„Wollen wir ein Lied singen?“ fragt Vater.

„Ihr Kinderlein kommet“, schlägt Anne vor. Von dem Lied wird der Kleine wach. Ob er zu weinen anfängt? Er strampelt und verzieht das Gesicht. Deshalb summen sie das Lied nur noch. So hört es sich auch schön an. Die Augen von Annes Bruder sind wie zwei runde Spiegel. Man sieht die Kerzenflammen in ihnen.

„Wie lauter kleine Sterne“, denkt Anne. Plötzlich fallen ihr die Geschenke ein. Ach richtig, die hat sie doch tatsächlich vergessen! Alles ist noch eingepackt.

So lieb hat Anne das ganz besondere Weihnachtsgeschenk!

Rainer Hohmann

Wer hat Weihnachten oder um Weihnachten herum Geburtstag? – Ist ein solcher Geburtstag schöner oder weniger schön als ein Geburtstag mitten im Jahr? – Wir sprechen über mögliche Gründe – Wenn ein Kind erwartet und geboren wird – Wir betrachten Bilderbücher, die von der Erwartung und von der Geburt erzählen – Wie ist das heute – Wie war es damals, als Jesus geboren wurde? – Wir sprechen über Weihnachtswünsche und -geschenke.

Sollte es das Christkind gewesen sein?

Eine Frau bereitet viel vor, um es zu Weihnachten zu verschenken. Als aber ein Kind zu einer anderen als der von ihr vorgesehenen Zeit sie um etwas bittet, versagt sie es ihm.

Es war einmal eine gute Frau, die sich an Weihnachten eine Ehre daraus machte, arme Kinder zu beschenken. Schon lange vor dem Fest fing sie an, Kuchen zu backen, um sie in der Kirche vor der Krippe zu verteilen.

Als sie mit ihrer Arbeit fertig war, erfüllte ein herrlicher Duft das Haus und drang bis auf die Straße hinaus. In Reih und Glied standen die Kuchen auf einem langen Tisch. Ihr Anblick erfüllte die gute Frau mit Stolz und Freude.

Da klopfte es plötzlich an die Tür. Vor der Tür stand ein fremdes Kind und schaute sie bittend an.

„Gibst du mir einen Kuchen?“ fragte es.

Aber es reute die gute Frau, einen Kuchen jetzt schon wegzugeben. „Wo denkst du hin!“ sagte sie, „Weihnachten ist erst in einer Woche!“

„Weihnachten ist heute“, sagte das Kind.

Doch die gute Frau dachte nichts anderes, als daran, daß das Kind mit List einen ihrer Kuchen ergattern wolle. Sie wies ihm streng die Tür.

Am Heiligabend packte sie die Kuchen ein. Aber als sie damit in die Kirche kam, sah sie den Pfarrer und den Küster aufgeregt vor der Krippe stehen. Sie war leer. Da erinnerte sich die Frau an das fremde Kind und erschrak. Sollte es das Christkind gewesen sein?

Max Bolliger

Wann ist eigentlich wirklich Weihnachten: Dann, wenn wir so handeln, wie Gott es von uns erwartet. Also kann jeden Tag Weihnachten sein. Gesprächsimpuls: „Weihnachten ist heute!“ sagt das Kind. Was bedeutet das?

Großvaters Weihnachtsgeschichte

Wir feiern heute noch Weihnachten wie vor vielen Jahren. Aber damals, als Opa ein Kind war, sahen die Weihnachtsgeschenke anders aus. Doch die Kinder freuten sich genauso darüber wie die Kinder heute.

Großvater wohnt mit Eva und ihren Eltern zusammen im Haus. Der Opa und Eva sind richtige Freunde. Immer, wenn er vom Einkaufen kommt, hat er eine Überraschung für sie. Meist ist es etwas Süßes. Das muß Eva dann immer suchen, denn Großvater ist ein Sachenverstecker. Einmal lag ein Lutscher sogar im Kochtopf.

Heute sitzt Eva bei Großvater im Zimmer. Auf dem Tisch leuchten die Adventskerzen. Opa hat Eva eine Weihnachtsgeschichte versprochen.

„Also, wie war das noch damals vor siebzig Jahren? Jetzt hab ich doch tatsächlich alles vergessen!“ murmelt er. Dabei blinzelt er zu Eva hinüber und schmunzelt.

„Gar nichts hast du vergessen!“ lacht Eva. Sie rennt zu Großvater und klettert wie ein Eichhörnchen auf seinen Schoß. „Au, au, au! Meine armen alten Knochen!“ ruft Opa und drückt Eva ganz fest an sich, so gern hat er sie.

„Also, paß’ auf! Ich war damals ein kleiner Junge von sechs Jahren. Es war Heiligabend und Bescherung. Was meinst du, was alles auf meinem Gabentisch lag?“ Eva überlegt nicht lange. „Vielleicht ein Fahrrad mit Gangschaltung? Und viel viel Schokolade“, meint sie.

„Falsch geraten“, sagt Opa. „Die meisten Menschen waren früher arm, und nur wenige Kinder hatten ein Fahrrad. Ich bekam als Geschenk ein Paar graue dicke Wollstrümpfe, ein kleines Täfelchen Schokolade und das tollste: ein Paar schwarze Schnürschuhe. Meine Wollstrümpfe hatten schon nach einer Woche so große Löcher, daß ich meinen Daumen durchstecken konnte. Das Täfelchen Schokolade hat unser Dackel Schnauz gefressen, und ich mußte bis zu meinem Geburtstag auf ein neues warten. Das hat ein halbes Jahr gedauert. Meine Schnürschuhe aber habe ich heute noch!"

Eva lacht. „Deine großen Füße passen doch gar nicht mehr in die kleinen Schuhe hinein!"

„So, so", schmunzelt Opa, „guck' mal hier, was ich hier habe! Gestern war ich nämlich auf dem Dachboden!" Und er zieht unter dem Sofa einen uralten Pappkarton hervor. Darin liegen zwei kleine schwarze Schnürschuhe mit ledernen Schnürsenkeln. Sie sind kleiner als Opas Hände. So kleine Füße hat Opa mal gehabt! Hinten und vorn sind zwei halbrunde Eisen eingeschlagen, um die teuren Ledersohlen zu schonen.

„Schau mal hier!" ruft Opa. „Beide Sohlen voller eingeschlagener Nägel mit breiten Köpfen! Darum hießen solche Schuhe bei uns auch Pinnschuhe. Wenn man damit über das Straßenpflaster ging, rasselten die Schuhe, als würde Großmutter Kaffeebohnen mahlen. Ja, ja, so war das damals", lacht er, und seine Augen glänzen. „Und trotzdem hatten wir in diesen verflixten Schuhen oft kalte und nasse Füße. Aber beim Schlittenfahren, sage ich dir, da waren meine Schuhe eine Wucht! Mit denen konntest du vielleicht bremsen! Ich war nämlich immer der Bremser, wenn wir unsere Schlitten zusammengebunden hatten. Wenn ich dann nach Hause kam, habe ich oft heimlich geweint, so weh haben mir meine kalten Füße getan. Die Schnürschuhe waren nämlich nicht gefüttert. Ja, wenn ich deine Lederstiefel gehabt hätte! Die hätte ich gar nicht mehr ausgezogen. Die hätte ich sogar im Bett angelassen. Im Schlafzimmer war es nämlich auch so kalt, daß auf allen Fensterscheiben dicke weiße Eisrosen blühten!"

Eva lacht. Sie stellt sich Opa mit ihren Lederstiefeln im Bett vor. Dann aber denkt sie an seine kalten Hände und Füße und an die vielen kalten Häuser früher und die kranken Menschen.

Plötzlich friert sie, obwohl es in Großvaters Zimmer richtig warm ist . . .

Rainer Hohmann

Wir vergleichen das, was der Opa erzählt, mit dem, was wir heute erleben. Wie sahen damals die Weihnachtsgeschenke aus? Es waren weniger als heute. Wir fragen zu Hause nach und berichten darüber. Vielleicht findet sich auch noch etwas, was unsere Eltern, Großeltern einmal zu Weihnachten bekommen haben.

Der verschenkte Wunsch

Zwei Wünsche gehen in ganz anderer Weise in Erfüllung als es sich zwei Kinder eigentlich gedacht hatten.

Heute hatten sie im Kindergarten die erste Kerze auf dem Tannenkranz angezündet. Nun war Weihnachten nicht mehr weit. „Was wünschst du dir zu Weihnachten?“ fragte Ellen ihren Freund, als sie miteinander nach Hause liefen. Aber Daniel antwortete nicht.

„Ich wünsche mir vielleicht ein eigenes Telefon, mit dem kann ich dann auch zu dir rüber telefonieren, wenn die Strippe recht lang ist“, plapperte Ellen.

„Du spinnst“, sagt Daniel nur, „sowas kann man sich nicht wünschen. Zu teuer.“ Ellen schwieg.

„Was er nur heute hat?“ dachte sie. „Er redet heute so komisch.“

Daniel blieb nachdenklich. Erst als sie an Ellens Haustür standen, sagte er ganz leise:

„Weißte, das ist nämlich, weil ich mir einen kleinen Hund wünsche. Ich kenne ihn schon: Kochs Dackel hat 7 Junge, und einer muß weg. Aber meine Mutter sagt, in unserer Wohnung ist kein Platz für ein Tier.“

Und dann lief Daniel schnell weg und ließ Ellen stehen. Er wohnte im Nachbarhaus.

In den nächsten Tagen sprachen sie nicht mehr über Weihnachtswünsche, auch wenn die anderen Kinder darüber redeten. Irgendwie waren Daniel und Ellen traurig: Das Telefon war zu teuer, und das Hündchen hatte in Daniels Wohnung keinen Platz.

Als nach dem dritten Advent schon der erste Schnee gefallen war, klingelte abends bei Daniel das Telefon. Er nahm den Hörer ab. Ellens Mutter war dran.

„Gib mir bitte mal deine Mutter“, sagte sie, und Daniel wunderte sich. Ihre Stimme hatte ganz anders geklungen als sonst. Die beiden Mütter sprachen lange. Dann legte Daniels Mutter den Hörer auf und zog den Jungen zu sich auf den Sessel.

„Ellen ist krank“, sagte sie, „sehr krank.“

Daniel schüttelte den Kopf.

„Heute morgen war sie noch gesund“, sagte er, „nur ihr Frühstück hat sie nicht gegessen. Ja, und auf dem Heimweg taten ihr die Beine weh.“

Eine Weile mußte Ellen nun im Krankenhaus bleiben. Dann würde sie wieder nach Hause kommen, aber sie würde lange nicht draußen herumspringen können.

„Und Weihnachten?“ fragte Daniel.

„Da muß sie gewiß zu Hause noch im Bett liegen“, meinte die Mutter.

In den nächsten Tagen dachte Daniel viel nach. Wie würde das sein, wenn Ellen am Weihnachtsabend im Bett liegen mußte? Und bei der Weihnachtsfeier im Kindergarten konnte sie auch nicht dabei sein!

Und dann hatte er eine Idee! Er sprach mit seinem Vater darüber. Am Abend telefonierte dann sein Vater lange mit Ellens Mutter.

„Das wird wirklich eine Überraschung!“ sagte sein Vater später zu Daniel und schmunzelte.

Drei Tage vor Weihnachten lief Daniel zu Kochs. Er schlüpfte gleich in den Stall, wo die Dackelmutter mit den Kleinen ihr Körbchen hatte. Ein Glück! Alle sieben waren noch da, und der kleinste, den er sich gewünscht hatte, kam gleich auf Daniel zu.

Als es am Heiligen Abend dämmerte, stapften Vater und Daniel durch den Schnee zum Bauern Koch. Der Handel war schnell geschlossen, und in einem Körbchen mit einer warmen Decke trugen sie den kleinen Hund heim. In Ellens Kinderzimmer leuchteten schon die Kerzen, als Daniel zaghaft an der Haustür klingelte. In der Hand trug er das Körbchen mit dem kleinen Dackel.

„Ja, Daniel“, sagte die Mutter und öffnete die Tür zu Ellens Zimmer, „das ist aber lieb von dir, am Weihnachtsabend kommst du deine Freundin besuchen!“

Doch da bewegte sich das Hündchen unter seiner Decke und ließ einen kleinen Laut hören! Und nun hob Daniel es heraus, legte es auf Ellens Bett und sagte ganz leise:

„Du, den schenke ich dir.“ Ellen war fast ein bißchen erschrocken. „Aber du hast ihn dir doch gewünscht.“

Und dann wandte sie sich um, griff nach einem roten Telefon mit einer langen Strippe, das da auf ihrem Weihnachtstisch neben dem Bett stand. Sie reichte es Daniel und sagte: „Du, wir haben uns richtig unsere Wünsche geschenkt!“

Hildegard Kronenberg

Gesprächsimpuls: Viele Kinder wünschen sich ein Tier: Gründe dafür – Gründe dagegen. – Welche Arbeit, welche Verantwortung kommt auf einen zu? – Wir können eine Bildergeschichte zu dieser Geschichte gestalten, einen Bilderfries oder ein ganzes Bilderbuch. – Weiterer Aspekt: Wie ist das, wenn man plötzlich krank wird? – Weihnachten krank sein – Weihnachten im Krankenhaus – Wünsche kranker Kinder oder Erwachsener.

Weihnachtswünsche

Die genervte Mutter erklärt ihrer kleinen Tochter, daß sie sich vor allem ein „liebes“ Kind zu Weihnachten wünscht. Aber das ist schwer. Und ist das überhaupt von der kleinen Karin zu leisten? Da dreht schließlich Karin den Spieß um und wünscht sich eine „liebe“ Mutti.

„Mami, was wünschst du dir zu Weihnachten?“ fragt Karin. Die Mutter muß da gar nicht lange nachdenken, ganz schnell sagt sie: „Ich wünsche mir ein liebes Kind!“

Zuerst bekommt die Karin einen fürchterlichen Schrecken. Ganz kalt wird ihr, so innen im Bauch.

„Die Mami will mich umtauschen!“ denkt sie. Aber dann merkt sie schon, daß die Mami sie nicht umtauschen und auch kein neues Kind dazuhaben will, sondern daß *sie* gemeint ist, die Karin. *Sie* soll das liebe Kind werden.

Ja – aber – wie soll das denn gehen? Ganz viele Sachen passieren doch einfach so. Dreck kommt von ganz allein an den Pullover, die Löcher fliegen von irgendwoher in die Jeans, da tut doch sie, die Karin, nichts Böses dazu. Und daß ihr Mund absolut überhaupt gar kein Fitzelchen Spinat runterschlucken kann, dafür kann sie doch auch nichts. Oder?

Die Karin kann sich auf einmal gar nicht mehr richtig freuen. Und alle Leute freuen sich doch auf Weihnachten. Alle! Wie machen die das bloß? Wenn man doch immerzu lieb werden muß und nicht weiß, wie das geht . . .?

Karin muß an die Oma im Altenheim denken. Was hat die Oma gesagt?

„Das Christkind kommt in die Welt, weil es die Menschen lieb hat.“

„Alle?“ hat die Karin gefragt.

„Alle“, hat die Oma gesagt, „alle so, wie sie sind.“

„Aber müssen sie denn nicht erst lieb werden?“

„Ach mein Schätzchen“, hat die Oma gesagt, „wer könnte denn jemals lieb genug für das Christkind sein? Darum ist ja Weihnachten, weil das Christkind mit all seiner Liebe zu uns kommt!“

„Wirklich?“ hat die Karin aber doch nochmal fragen müssen.

Daran muß sie jetzt wieder denken. Und auf einmal fängt sie an zu hüpfen. Immer um den Tisch herum. Ganz fröhlich und warm wird es in ihrem Bauch, die Freude kribbelt schon beinahe wie Sprudelwasser.

„Sei doch mal ruhig!“ sagt die Mami ziemlich laut. „Ich bin heute nervös!“

Aber die Karin hüpft einfach auf die nervöse Mami zu und sagt:

„Weißt du, was ich mir zu Weihnachten wünsche? Eine liebe Mami! Aber so doll müssen wir uns ja beide gar nicht anstrengen, du und ich, weil das Christkind uns sowieso lieb hat und ganz bestimmt kommt. Und weißt du was? Zu Weihnachten schenke ich dir eine Kerze und mache eine richtige Schleife drumherum. Bis Weihnachten kann ich die. Bestimmt!"

Edith Ruppmann

Was kann man sich von anderen wünschen? Was kann man von anderen verlangen? Kann man überhaupt etwas von anderen verlangen? – Wie ist das mit dem Liebsein? Was ist uns möglich? Reicht schon das Bemühen aus? – Wir könnten noch einmal das herausstellen, was die Oma über Weihnachten gesagt hat und dann zusammentragen, warum wir eigentlich Weihnachten feiern.

Ein Hund zu Weihnachten

Wie auf schäbigste Weise mit Hunden Geschäfte gemacht werden, erleben Michal und Jörg am eigenen Leibe. Aber der kleine Micki wird es gut bei ihnen haben.

Als ihr Dackel im Dezember eingegangen war, da wußten Michal und Jörg vor Kummer nicht mehr ein noch aus. Der Waldi war immer dagewesen. Er lebte bereits in der Familie, als die beiden Kinder geboren wurden. Ein Leben ohne ihren Waldi, das konnten sie sich nicht vorstellen. Und es nutzte gar nichts, daß Papa ihnen erklärte, daß der Waldi vierzehn Jahre alt geworden war und ein sehr langes Hundeleben gehabt hatte.

Aber auch Papa und Mama waren traurig. Alle hatten Waldi so lieb gehabt.

„Wir werden bestimmt wieder einen neuen Hund haben!" sagte Papa. „Aber es soll einer sein, der es schlecht getroffen hat. Es gibt so viele arme Hunde hier bei uns, die niemand lieb hat. So einem Hund wollen wir ein neues Zuhause geben!"

„Wir können einmal im Tierheim nachschauen!" meinte Mama.

Da merkten Michal und Jörg plötzlich, daß sie es kaum erwarten konnten, und sie begannen sich wieder ein bißchen zu freuen. Ja, sie freuten sich auf den neuen Hund, den sie bis jetzt überhaupt noch nicht kannten.

„Wir wünschen uns einen Hund zu Weihnachten!" riefen beide.

Nächste Woche wollten die Eltern mit ihnen zum Tierheim fahren. Am Samstag waren sie alle in der Fußgängerzone, weil noch einige wichtige

Einkäufe zu erledigen waren. Und dann standen sie plötzlich um diesen alten verdreckten Gammler herum, der in einem Winkel an einer Mauer saß. Eine leere Weinflasche stand neben ihm auf der Erde. An der Flasche hing ein Schild. Neben dem Mann aber kauerte ein winzigkleiner Welpe und wimmerte kläglich. Ein ganz junger Hund, von dem niemand sagen konnte, zu welcher Rasse er gehörte.

Jörg hatte sich bereits gebückt und streichelte das kleine Hundeknäuel ganz zart. Papa las, was auf dem Schild an der Flasche stand: „Helft uns! Wir haben beide nichts mehr zu essen, der Hund und ich!"

Mama blickte auf die kleine Schachtel, die neben der Flasche stand. Ein paar Markstücke und etliche Groschen lagen darin.

Papa spürte Michals Hand an seinem Arm. Sie drückte ihn immer fester. Und Papa wußte genau, was das zu bedeuten hatte. Er bemerkte auch Mamas flehende Blicke.

Jörg hatte den kleinen Welpen ganz behutsam auf den Arm genommen. Mit ernsten und ganz traurigen Augen blickte er Papa an.

Papa räusperte sich. „Würden Sie den Hund verkaufen?" fragte er den Mann. Er antwortete nicht, zuckte nur mit den Schultern.

Da griff Papa nach seinem Portemonnaie und zog einen Fünfzigmarkschein heraus. Er hielt ihn so, daß der Mann ihn sehen konnte.

Der Mann schüttelte den Kopf.

Papa suchte weiter in seinem Portemonnaie und legte noch fünfzig Mark dazu. Der Mann wehrte ab.

Noch ein Fünfzigmarkschein! Papa hielt ihm die drei braunen Scheine unter die Nase. Da streckte der Mann seine Hand aus, nahm die Scheine und steckte sie in seine Hosentasche. „Okay!" brummelte er.

Danach beeilten sie sich, so schnell wie möglich zum Parkplatz zu kommen. Jörg trug das winzige Tier ganz behutsam auf seinem Arm. Und alle wußten, daß sie diesem Hund gut sein wollten. Ja, das war einer von den armen Tieren, die sonst wahrscheinlich elend umgekommen wären.

„Zuerst müssen wir ihn ganz gründlich säubern!" sagte die Mutti, als sie dann alle im Wagen saßen.

Michal streckte die Arme aus und war überglücklich, als Jörg ihr den kleinen Hund hineinlegte. „Unser kleiner Micki!" sagte sie. Und so hieß der Hund, den sie auf der Straße aufgelesen hatte, von dieser Stunde an.

Micki wurde ein stattlicher Hund. Bereits nach sechs Wochen war er größer als Waldi jemals gewesen war. Gut, daß die Wohnung so groß war! Und im Garten war auch viel Platz für Micki. Zu welcher Rasse der Hund gehörte, das war nicht mehr festzustellen. Aber ein Pudel, ein

Basset und ein Cockerspaniel, vielleicht sogar auch ein Windhund gehörten sicher zu seinen Vorfahren.

Und so lieb war dieser Micki! So anhänglich und klug, so mutig und freundlich, daß er ganz schnell wirklich zur Familie gehörte. Keiner konnte sich mehr das Leben ohne Micki vorstellen. Weder Michal noch Jörg. Und Mama und Papa bestimmt auch nicht.

Eines Tages erzählte Papa beim Abendessen: „Ich war heute in der Fußgängerzone und habe den Mann mit der Flasche am Schild wieder gesehen! Er saß an einer anderen Stelle. Aber wieder hatte er einen winzigen Hund bei sich."

„Sicher wartet er nur darauf, daß jemand aus Mitleid den Hund kauft!" sagte Michal und lief zu Micki, um ihn zu streicheln.

„Sicher!" sagte Papa. Und seine Stimme war ganz traurig.

Rolf Krenzer

Gesprächsimpuls: Einen Hund wünscht sich fast jedes Kind. Wir erzählen von unseren Haustieren. – Wer versorgt sie? – Welche Verantwortung übernehmen wir, wenn wir ein Tier zu Hause haben? – Tiere als Weihnachtsgeschenke? – Hierzu auch den Text: „Voriges Jahr war es nur eine Katze" in R. Krenzer (Hrsg.): Ich wünsche dir ein gutes Jahr, Lahn-Verlag, Limburg

Wie Joschi zu seinem Meerschweinchen kam

Joschi wünscht sich ein Meerschweinchen, aber seine Eltern halten nichts davon. Da hat er eine Idee: Er wünscht sich so wilde und große Tiere, daß sie niemals in der Vierzimmerwohnung gehalten werden können. Jeden Tag ein anderes Tier. Zum Schluß sind die Eltern dankbar, daß Joschi sich „nur" ein Meerschweinchen wünscht, und er bekommt es wirklich zu Weihnachten.

Seit er sechs Jahre alt war, wünschte sich Joschi ein Meerschweinchen. Aber jedesmal, wenn er davon anfing, sagte seine Mutter: „Meerschweinchen stinken" oder „Meerschweinchen gehören in den Kleintierzoo" oder „Was soll das arme Tier in unserer Vierzimmerwohnung?" und lauter solche Sachen. In diesem Jahr hatte Joschi sich geschworen, daß sein Wunsch endlich in Erfüllung gehen müsse.

„Wetten, daß ich zu Weihnachten ein Meerschweinchen kriege?" sagte er zu seinem Freund Karli. „Du wirst schon sehen . . ." Und dann schmiedete er einen Plan.

Endlich war es soweit. „Nur noch 24 Tage bis Weihnachten", sagte seine Mutter. „Höchste Zeit, daß du deinen Wunschzettel aufs Fensterbrett legst, damit der Weihnachtsmann ihn abholen kann."

Joschi nickte höflich, machte ein möglichst harmloses Gesicht und begann mit der Arbeit.

„Lieber Weihnachtsmann", schrieb er, „ich wünsche mir dringend ein Nilpferd." Ordentlich legte er den Zettel draußen vors Fenster und wartete gespannt, wie es weitergehen würde.

Schon am nächsten Morgen konnte er feststellen, daß sein Plan sich bewährte. Als er nämlich in aller Frühe das Fenster öffnete, um zu sehen, ob der Zettel abgeholt worden war, entdeckte er etwas höchst Merkwürdiges: „Du spinnst wohl!" hatte jemand in leuchtend roten Buchstaben auf einen Briefbogen geschrieben, der groß und deutlich die Unterschrift „Der Weihnachtsmann" trug.

Gut so! dachte Joschi. Dann nahm er den Brief an sich und schrieb einen neuen Zettel. „Und wie wär's mit einem Krokodil? Es könnte in der Badewanne schwimmen."

Auch diesmal klappte es vorzüglich. Ein neuer Weihnachtsmannbrief leuchtete ihm am Morgen entgegen. „Krokodile leider nicht lieferbar", stand darauf, diesmal in grünen Buchstaben.

Noch besser, dachte Joschi, nahm den Brief an sich und schrieb den nächsten Zettel. „Ein Känguruh-Pärchen", lautete sein Wunsch. „Beuteltiere führen wir nicht", hieß diesmal die Antwort. Von nun an war alles ganz einfach. Joschi brauchte sich nur noch ein paar ungewöhnliche Tiere einfallen zu lassen, und schon lief alles wie am Schnürchen.

„Drei Hängebauchschweine", schrieb er am nächsten Tag. „Blödsinn!" hieß die Antwort. Und in diesem Stil ging es weiter. Zwölf volle Tage war er damit beschäftigt, neue Zettel zu schreiben und die Weihnachtsmann-Antwortbriefe einzusammeln. So lange dauerte es nämlich noch bis zum Heiligen Abend.

Die Reihenfolge, die Joschi sich errechnet hatte, war so:

12. Dezember: „Ein Schimpanse".

Antwort: „Und wer kauft die Bananen?"

13. Dezember: „Ein Berber-Löwe."

Antwort: „Schon mal was von menschenfressenden Raubtieren gehört?"

14. Dezember: „Dann eine Tüpfelhyäne."

Antwort: „Und wo soll sie schlafen?"

15. Dezember: „Ein Merinoschaf."

Antwort: „Selber Schaf!"

16. Dezember: „Ein junger Pottwal."

Antwort: „Wohl größenwahnsinnig geworden?"

17. Dezember: „Eine Pythonschlange."
Antwort: „Kriecher unerwünscht!"
18. Dezember: „Eine Hausziege."
Antwort: „Ziegenmilch schmeckt abscheulich!"
19. Dezember: „Erbitte dringend wenigstens ein Bergzebra."
Antwort: „Wo sind denn hier Berge?"
20. Dezember: „Aber ein Dromedar würde sich bei uns bestimmt wohlfühlen."
Antwort: „Warum nicht gleich ein Kamel?"
21. Dezember: „Einverstanden. Habe mich außerdem für eine Giraffe entschieden."

Am nächsten Tag endlich geschah das, was Joschi schon lange erwartet hatte. Auf dem Fensterbrett lag nämlich nicht nur die übliche kurze Antwort in roten oder grünen Buchstaben, sondern ein regelrechter Brief, hastig mit einem gewöhnlichen Tintenkuli geschrieben und fast eine halbe Seite lang.

„Lieber Joschi", stand dort, „wie Du auf dem Kalender siehst, ist übermorgen Weihnachten. Da Du es bisher nicht geschafft hast, mir einen einzigen vernünftigen Wunsch aufzuschreiben, und da alle Tiere, die Du mir genannt hast, nicht in eine Wohnung passen, ersuche ich Dich hiermit, umgehend bescheidener zu werden und Dich auf eine kleinere Tiergattung zu beschränken. Herzlichen Gruß. Der Weihnachtsmann."

Joschi wußte sofort, was er zu tun hatte. Hundertmal hatte er das Wort, das er jetzt niederschrieb, in Gedanken geübt. Er nahm den saubersten Zettel, den er finden konnte, und verfaßte den ordentlichsten Wunschzettel seit 22 Tagen:

„Lieber Weihnachtsmann", schrieb er, „entschuldige bitte, daß ich so unbescheiden war. Ich sehe ein, daß ich zuviel von Dir verlangt habe und schwöre, mich zu bessern. Darum wünsche ich mir nur noch ein winziges Meerschweinchen. Am liebsten so eins wie das von Karli. Also weiß mit kleinen schwarzen Tupfern. Karli sagt, daß ein Meerschweinchen überhaupt keine Arbeit macht. Außerdem finde ich es so niedlich. Vielen Dank im voraus! Dein Joschi, Mühltalerstr. 7."

Am nächsten Tag schlich Joschi noch früher als sonst zum Fenster, weil er es vor Spannung nicht mehr erwarten konnte. Ob der Weihnachtsmann ihm auch darauf antworten würde? Diesmal aber war das Fensterbrett leer. Nur ein paar Schneeflocken konnte er entdecken, denn draußen hatte es angefangen zu schneien.

»Nun?« fragten die Eltern, als er zum Frühstück kam. »Freust du dich schon auf morgen?»

»Und wie!« antwortete Joschi. Mehr brachte er nicht heraus vor Aufregung.

Dann endlich war er da, der große Tag. 24. Dezember stand auf dem Kalender über Joschis Bett. Joschi sah das Kalenderblatt eine Weile ganz genau an und dachte an sein Meerschweinchen. Ob der Weihnachtsmann endlich begriffen hatte?

Stunde um Stunde rückte der Augenblick näher, in dem sich alles entscheiden würde. Und dann war es soweit. Die Tür zum Weihnachtszimmer wurde geöffnet, und Joschi sah etwas, das schöner war als alle Christbaumkugeln und Weihnachtskerzen und Zimtsterne und Silbernüsse zusammen – nämlich ein winziges, schwarz getupftes Meerschweinchen in einer Kiste unter dem Tannenbaum, das neugierig den Tannenduft schnupperte und fast so aussah wie das Meerschweinchen von Karli.

»Hoffentlich stinkt es nicht«, sagte die Mutter.

»Immer noch besser als Dromedare und Giraffen«, sagte der Vater.

Aber Joschi hörte nicht, was sie sagten. Er war viel zu sehr damit beschäftigt, sein Meerschweinchen auf den Arm zu nehmen und eine Dankesrede an den Weihnachtsmann zu verfassen – in Gedanken natürlich. Daß auch ein kleiner Trick dabei gewesen war, wußte der Weihnachtsmann ja sowieso. Denn ein Weihnachtsmann weiß alles. Oder etwa nicht? „Ich nenne es Trick", sagte Joschi, während das Meerschweinchen leise quiekte. Fast klang es, als ob es kicherte.

Roswitha Fröhlich

Joschi kann schon schreiben. Aber wir? Was stellen wir an, um einen ganz bestimmten Weihnachtswunsch erfüllt zu bekommen? Wir erzählen vom letzten Jahr. Wir denken uns aus, was wir tun könnten.

Ein Laufställchen für Papa

Jemand hat die Anhänger an den Weihnachtspäckchen vertauscht, die am Heiligen Abend auf dem Tisch liegen. Das schafft Verwirrung, bereitet zuletzt aber allen auch einen Riesenspaß.

Christiane und Martin sitzen am großen Küchentisch und basteln Geschenke für Weihnachten. Draußen wird es schon dunkel. In der Mitte des Tisches steht ein großer Adventskranz. Drei rote Kerzen brennen schon. Manchmal singen die beiden ein Weihnachtslied. Dann flakkern oft ganz wild die Kerzenflammen und große Schatten springen an der Zimmerwand hin und her. Martins Schatten ist größer, denn er ist schon acht Jahre alt. Christiane ist erst fünf. Darüber ärgert sie sich ab und zu. Abends ißt sie deshalb ein besonders großes Stück Brot mit einer dicken Scheibe Wurst drauf. Bald wird ihr Schatten so groß sein wie der ihres Bruders.

Vor ihr liegen bunte Wollknäuel. Die braucht sie für ihre Strickliesel. Die Strickliesel ist aber kein Mädchen, das stricken kann! Sie ist auch nicht Christianes Oma, denn die heißt Hilde. Wer es noch nicht weiß, dem will ich's sagen: die Strickliesel ist ein fingerlanges Holzrohr, buntbemalt und innen hohl. An einem Ende schauen lauter Metallhaken heraus. Jetzt nimmt Christiane die Liesel in ihre linke Hand. Um die Metallhäkchen hat sie einen Wollfaden gewickelt. Den bewegt sie mit einem spitzen Griffel. Plötzlich kommt aus dem unteren Ende der Liesel eine „Wurst" heraus – tatsächlich, eine richtig geflochtene, wollige Wurst.

Wenn die Wollwurst ungefähr so lang ist wie Christiane, hat die Strickliesel Feierabend. Die Wurst wird zusammengerollt und vernäht – der erste Topflappen ist fertig. Mutter muß sich jetzt nicht mehr die Finger am heißen Suppentopf verbrennen. Das hat sie Christiane und der Strickliesel zu verdanken.

Während aus Christianes Liesel eine fingerdicke Wollwurst herausrutscht, nimmt Martin eine pflaumengroße Holzkugel und schmirgelt sie mit feinem Sandpapier. Auch eine zweite Kugel reibt er solange mit dem knisternden Papier, bis alle beide wie poliert aussehen. Nun nimmt er ein rundes fingerlanges Hölzchen und steckt es vorsichtig in ein Loch in der Kugel. In das Loch hat er vorher etwas Holzleim getropft, damit das Hölzchen nicht mehr herausrutscht. Anschließend schiebt Martin zwei kleinere durchbohrte Holzkugeln über das Rundholz, das er jetzt mit dem anderen Ende in unsere zweite Kugel steckt: Die Rassel für die kleine Katja ist fast fertig.

Wenn man sie schüttelt, klackern die beiden kleinen Kugeln an die großen. Das hört sich lustig an. Martin hat auch schon dreieckige Rasseln mit drei großen Kugeln gesehen. Die sind ihm aber noch zu schwer. Zuletzt nimmt er einen feinen Pinsel und malt die großen Kugeln rot, das Holzstäbchen blau und die beiden Klackerzwerge grün an.

In den nächsten Tagen werden alle Geschenke in Weihnachtsgeschenkpapier sorgfältig verpackt. Mutter hilft dabei. Damit jeder das richtige Geschenk bekommt, schreiben Christiane und Martin Namensschildchen. Die kleben sie dann auf die eingepackten Geschenke.

Das schönste Geschenkpapier bekommt Katja: Lauter kleine Weihnachtsmänner mit riesengroßen Bärten und knallroten runden Nasen sausen mit prallgefüllten Säcken auf ihrem Schlitten durch den tiefen Schnee. Einer ist heruntergepurzelt und schaut ganz verdattert unter seinem Schlitten hervor. Der schwere Sack hat sich geöffnet. Was dort alles im Schnee liegt! Eine Puppe, die wie Pippi Langstrumpf aussieht, Puzzlesteine von Hänsel und Gretel, und ein ganzer Beutel bunter Klikkerkugeln aus Glas. Eine Kugel ist dem kleinen Weihnachtsmann in den silbernen Bart gerutscht. Sie sieht aus wie ein dicker geheimnisvoller Edelstein.*

Am 24. Dezember ist es endlich soweit! Als Martin und Christiane vom Spielen ins Haus kommen, ist es im Wohnzimmer plötzlich ganz finster. Den Schlüssel hat jemand abgezogen. Heimlich blinzelt Christiane durchs Schlüsselloch. Doch sie kann gar nichts erkennen. Die Stunden bis zur Bescherung wollen nicht vergehen. Ab und zu schleicht jemand an die verschlossene Tür. Kein Laut ist aus dem Raum zu hören. Totenstill ist es hinter der Tür. Nur die alte Standuhr macht ihr gleichmäßiges Tick-Tack-Tick-Tack, als ginge sie das ganze überhaupt nichts an.

Endlich ist die lange Wartezeit doch vorübergegangen. Die ganze Familie zieht jetzt besonders schöne Kleider an. Vater macht plötzlich ein mürrisches Gesicht. Mutter will, daß er einen Schlips trägt. Doch in einer solch fürchterlichen Schlange mit Knoten, sagt er, bekomme er überhaupt keine Luft mehr.

„Wollt ihr wirklich, daß ich am Heiligen Abend keine Luft mehr bekommen soll?“ ruft er immer wieder. Alle lachen, doch Mutter will diesmal nicht nachgeben, und schließlich hat Papa sich an die Krawatte gewöhnt.

Ein kleines Glöckchen läutet, sie gehen ins Wohnzimmer und stehen jetzt ganz still und feierlich um den duftenden Lichterbaum. Martins Herz klopft so schnell, daß er tief Luft holen muß. Mutter schaut Vater in die Augen, und Christiane murmelt still ihr Weihnachtsgedicht. Ob sie noch alle Strophen behalten hat?

„Ich habe für jeden von euch die Geschenke zusammengelegt, damit nichts durcheinandergerät“, sagt Mutter. „Außerdem stehen ja eure Namen drauf! Und jetzt viel Spaß beim Auspacken!“

Voller Spannung entfernt jeder vorsichtig das Geschenkpapier. Mutters geschickte Hände sind zuerst am Ziel. Von einem Karton hebt sie den Deckel empor. Nanu! Was ist denn das? Im Karton liegt eine große Bohrmaschine!

„Wundervoll“, ruft Mutter voller Begeisterung. „Eine Bohrmaschine hab' ich mir schon lange gewünscht. Jetzt kann ich Löcher in die Kartoffeln bohren. So sehe ich viel besser, ob sie auch innen schon gut gekocht sind.“

Alle schauen verdutzt zu Mama hin. Dann fangen sie an zu lachen. Irgend jemand muß die Namensschildchen verwechselt haben!

Als nächster ist Martin mit Auspacken fertig. Seine Augen glänzen vor Neugier. Und was für ein tolles Geschenk hat er bekommen? In seinem Paket liegt doch tatsächlich der Topflappen und ein roter Lippenstift! Mit gerunzelter Stirn blickt er umher.

„Wer einen Lippenstift bekommt, sollte ihn auch benutzen", schmunzelt Vater. Also dreht Martin den Lippenstift ein Stückchen aus der gelben Hülse und bemalt seine Lippen – jetzt ist er fast so schön wie Mama. Auf den Kopf legt er sich den Topflappen als Hut.

„Seht mal, was ich hier habe!" schreit Christiane plötzlich und hebt ein dickes Bastelbuch für Jungen heraus.

„Prima!" meint Mama lachend, „jetzt kannst du endlich Rennautos und Brücken bauen!"

Zwei Geschenkhäufchen sind jetzt noch ungeöffnet, das von der kleinen Katja und das von Vater. Schrecklich aufgeregt ist Katja und klatscht andauernd in ihre kleinen Händchen. Christiane öffnet das Paket für ihre kleine Schwester. Das Geschenk nimmt Katja selbst heraus. Aber was hält sie denn da in den wackelnden Händen? Es ist ein Rasierapparat.

„Brumm! Brumm!" ruft sie laut und will den Brummer nicht mehr hergeben, so gut gefällt er ihr. Alle schauen jetzt zu Vater. Der hat ein ganz besonders großes Paket. Er entfernt das Papier und nimmt den Deckel vom Karton. Ein Laufställchen liegt vor ihm! Vergnügt klatscht Vater in die Hände.

Da müssen alle lachen. Und danach beginnt ein großes Geschenketauschen.

Rainer Hohmann

Text bis * lesen und über Geschenke sprechen, die man selbst basteln kann. Vielleicht sogar einen der Vorschläge aufgreifen, z.B. den mit der Strickliesel. – Wenn man sich nach der Geschichte richtig ausgelacht hat, kann man vielleicht den Papa im Laufställchen unter dem Weihnachtsbaum malen und sich ähnliche lustige Situationen ausdenken.

Die rechte Weihnachtsfreude

Was passiert, wenn Kinder die einfach so hingeplapperten Redewendungen der Erwachsenen wirklich ernst nehmen, wenn unüberlegtes Wünschen ganz anders erfüllt wird, als man es sich vorstellen kann, das wird hier in vielen lustigen Beispielen erzählt. Und am Ende gibt es doch echte Weihnachtsfreude.

„Vati, was wünschst du dir zu Weihnachten?"

Seit Tagen verfolgen wir Vater mit dieser Frage, denn wir wollten ihm gerne etwas Besonderes schenken, etwas, das ihn immer an uns erinnern sollte. Und, ganz wichtig, es durfte nichts kosten. Unser Taschengeld war nämlich längst alle. Außerdem sagte Vati, etwas Selbstgemachtes sei viel schöner. Über unsere Basteleien hatte er sich ja auch immer mächtig gefreut, doch nach Weihnachten landeten sie in einer dunklen Ecke im Schlamperschrank, wo alles Überflüssige aufbewahrt wurde. Dieses Mal mußte es deshalb ein Geschenk sein, das er so schnell nicht vergessen würde. Aber was? Wir dachten lange darüber nach und löcherten jeden, der uns über den Weg lief, mit bohrenden Fragen. Aber alles Grübeln half nichts. Wir hatten keine Idee.

„Was sollen wir dir schenken?"

Zum x-ten Male störten wir Vati bei der Arbeit, und sein Gesicht wurde immer unfreundlicher.

„Weiße Mäuse mit karierten Schwänzen", brummte er.

„Hihi". Wir kicherten albern. „Das gibt es doch gar nicht."

„Müssen es karierte Schwänze sein?" fragte Lena, meine kleine Schwester, vorsichtig nach.

„Hmm?" Er sah uns erstaunt an. „Bitte was?"

Wir waren sauer. Er hatte uns gar nicht zugehört.

„Karierte Schwänze!" brüllten wir ihm ins linke Ohr.

Vati starrte uns entgeistert an. „Ihr wollt mich wohl zum Narren halten?" stöhnte er. „Raus jetzt!"

Doch wir ließen nicht locker. Schließlich rückte Weihnachten immer näher.

„Du mußt nur sagen, was du dir wünschst! Dann lassen wir dich arbeiten."

„Schenkt mir zwei ganz liebe brave Mädchen, die mir nicht andauernd auf die Nerven gehen", knurrte Vati.

Zwei liebe brave Mädchen? Lena war empört.

„Aber du hast doch uns", sagte sie und zupfte ihn am Ärmel. „Wozu brauchst du noch zwei Mädchen?"

Vati, der schon wieder in seine Arbeit vertieft war, sprang auf und brüllte:

„Es würde mich unglaublich freuen, wenn ihr auf der Stelle verschwindet. Das wäre für mich das allerschönste Geschenk. Wie soll ich sonst ruhig arbeiten?"

Er fuchtelte mit den Armen und scheuchte uns aus dem Zimmer.

Wir waren ratlos. Verschwinden? Ob das die rechte Weihnachtsfreude für Vati war? Wir konnten darin nichts Erfreuliches sehen, wenigstens nicht für uns.

„Man muß nicht immer alles so wörtlich nehmen", trösteten wir uns und schlichen leise zu Vati zurück.

„Könnte es nicht sein", flötete ich ihm ins Ohr, „daß es etwas gäbe, das dir noch mehr Freude macht? Vielleicht ein Wunsch, bei dem wir nicht verschwinden müßten?"

„Hä?" Vati kapierte überhaupt nichts mehr. „Was wollt ihr?"

Verlegen drucksten wir herum.

„Es ist noch immer wegen Weihnachten!"

Vati fuhr sich verzweifelt durch die Haare, und er sah uns so mitleiderregend an, daß wir freiwillig gingen.

„Wünschen ist doch langweilig", rief er hinter uns her. „Ich lasse mich lieber überraschen. Das ist schöner."

Grrr! Wir nahmen uns vor, ihn nie wieder nach einem Wunsch zu fragen. Eher würden wir uns die Zunge abbeißen. Doch wir beschlossen, wie die Luchse aufzupassen.

„Irgendwann wird er sich bestimmt verraten", dachten wir. „Jeder hat schließlich Wünsche."

Jawohl! Er sollte seine Überraschung haben!

Und wir belauerten Vati bei allem, was er sagte, und konnten es nicht erwarten, daß ihm versehentlich ein Wunsch herausrutschte.

So verging die Zeit, und Weihnachten war nicht mehr weit. Und eines Tages hatten wir Glück.

Beim Frühstück fragte Mutti: „Soll ich heute nachmittag Tante Ida zum Tee einladen?"

Vati verdrehte die Augen und stöhnte: „Die fehlt mir gerade noch zu meinem Glück!"

Tante Ida? Es würde Vati glücklich machen, Tante Ida zu sehen? Als ersten Wunsch notierten wir: ‚Tante Ida zu Weihnachten einladen!' Das fiel uns nicht leicht, denn von allen Tanten mochten wir Tante Ida am allerwenigsten leiden. Doch wenn sie Vati glücklich machte, sollte es uns recht sein.

Vatis zweiter Wunsch folgte bald.

Wir saßen noch immer am Frühstückstisch, und Vati meckerte über seinen Chef, den Herrn Kniesig.

„Dem würde ich gerne ein Liedchen singen“, knurrte er böse, „wenn ich nur könnte.“

Wir notierten unter 2: ‚Für Vati dem Herrn Kniesig ein Lied singen. In Klammer: Vielleicht ein Weihnachtslied?‘

Na bitte, schon zwei Wünsche! Es war unser Glückstag.

Wir konnten noch mehr wundervolle Wünsche notieren:

„Ein Königreich für einen hungrigen Kater“, schrie Vati laut, als eine Maus im Keller an ihm vorbeihuschte.

‚Einen Kater für die Mäusejagd ausleihen‘, schrieben wir auf unsere Liste.

Dann die Sache mit der Heino-Platte, die Mutti für Oma gekauft hatte. Vati lachte und verzog das Gesicht.

„Diese Schmalzplatte“, rief er aus, „würde ich nur meinem größten Feind schenken, aber nicht Oma!“

Mutti legte die Platte ärgerlich zur Seite, und wir schrieben: ‚Heino-Platte zu Weihnachten an Vatis größten Feind verschenken. In Klammer: Das ist bestimmt Nachbar Locke, der alte Meckerkopf, der keine Kinder und Tiere mag.‘

Ja, und dann Vatis Weihnachtswunsch für die olle Meyer: Viele im Ort mochten sie nicht leiden. Ich weiß nicht, warum das so war. Zu uns Kindern war die olle Meyer immer nett. Sie sprach nie mit uns, doch wenn wir ihr begegneten, lächelte sie uns freundlich an. Das gefiel uns. Auch Vati konnte nicht verstehen, warum alle über sie schimpften. „Was habt ihr nur gegen die olle Meyer“, sagte er an unserem Glückstag. „Ich finde, die ist ganz okay, wenn sie auch nicht ganz richtig tickt.“ Und er tippte sich mit der Fingerspitze an die Stirn. „Dafür kann sie nichts“, fuhr Vati fort. „Ich würde der Meyer mein letztes Hemd hergeben, wenn ich ihr damit eine Freude machen könnte.“ So sprach Vati!

Und wir notierten: ‚Vatis Weihnachtsfreude an Frau Meyer: Sein letztes Hemd!‘ Da wir aber nicht wußten, welches wohl sein letztes Hemd war, schrieben wir dazu: ‚Bestimmt werden sich Vati und die olle Meyer noch mehr freuen, wenn es nicht nur ein Hemd ist.‘ Damit waren wir fein heraus.

Wir jubelten: Schon fünf Wünsche, und keiner kostete Geld. Toll! Welchen aber sollten wir Vati erfüllen?

„Schenken wir ihm alles“, schlug Lena vor und grinste. „Wo's doch kein Geld kostet!“

Ich war einverstanden.

„Vati wird sehr glücklich sein.“

„Hihi!“

Wir freuten uns diebisch.

In den nächsten Tagen hatten wir viel zu tun. Gleich fünf Wünsche, die man noch dazu nicht kaufen konnte, zu erfüllen, war nicht einfach, und wir machten uns einen richtigen Plan.

Dann kam auch schon Heiligabend. Was waren wir aufgeregt! Gleich nach dem Mittagessen machten wir uns leise davon. Zuerst gingen wir zu Nachbar Locke, und unsere Knie fühlten sich an wie Pudding! Den Herrn Locke fürchteten wir nämlich fast so sehr wie die Poltergeister aus dem Gruselbuch.

„Wir werden es schon schaffen!“

„Ja, Vati zuliebe.“

Unsere Herzen pochten laut, als wir dem verdutzten Locke die Heinoplatte überreichten und stotternd unsere Weihnachtsgrüße aufsagten. Und dann staunten wir ganz schön: Nachbar Locke beschimpfte uns nämlich nicht wie sonst. Er sah uns nur ganz komisch an, und mir war, als hätte er auch ein bißchen gestottert.

„Das ist . . . das ist . . .“, sagte er ein um das andere Mal. Mehr hörten wir nicht, denn wir rasten wie der Blitz davon. Aber merkwürdig war's trotzdem.

Auch unser Besuch bei der ollen Meyer verlief anders als geplant: Wir wollten nur unser Paket mit Vatis Hemden abgeben und frohe Weihnachten wünschen. Die Meyer aber machte uns einen Strich durch die Rechnung. Zuerst lächelte sie uns wie immer freundlich an, doch dann purzelten die Worte wie ein Wasserfall aus ihrem Mund:

„Danke, danke, dankeschön. Ach, wie mich das freut. Was für eine nette Überraschung. Ich danke euch. Ach, ist das schön. . .“

Sie redete und redete, lachte zwischendurch und redete weiter. Wir erschraken. Nie hätten wir gedacht, daß die olle Meyer so viel reden konnte. Und sie unterbrach ihren Redefluß nicht ein einziges Mal. Das war uns unheimlich, und wir zogen uns vorsichtig zurück. Doch Frau Meyer kam uns zuvor. Sie packte uns, schloß uns in ihre Arme und murmelte:

„Was seid ihr für liebe nette Mädchen. Denkt an einem Tag wie heute an eine olle Frau wie mich. Das ist lieb von euch, so lieb . . .“

Und dicke Tränen kullerten über ihr faltiges Gesicht. Wir hielten mucksmäuschenstill. Nun mochten wir die olle Meyer noch besser leiden, und insgeheim wünschten wir uns, wir hätten sie auch ohne Vatis Weihnachtswunsch besucht. Einfach so!

Später zog uns Frau Meyer in die Küche, wo es süß nach Lebkuchen duftete. Dort saßen wir dann gemütlich auf der alten Eckbank, tranken heiße Schokolade und probierten alle Lebkuchensorten aus. Frau Meyer zündete Kerzen an und erzählte uns von früher, von Weihnachten, damals, als sie ein kleines Mädchen war. Das war richtig kuschelig gemütlich, und wir vergaßen alle Zeit. Als wir endlich wieder an Vati dachten, war es schon spät. Wie gerne wären wir noch in der gemütlichen Küche sitzen geblieben, doch wir mußten weiter. Aber wir versprachen, bald wiederzukommen.

Ich glaube, Frau Meyer freute sich arg über unseren Besuch. Und dabei hatte sie Vatis Hemden gar nicht ausgepackt. Merkwürdig!

Merkwürdig verlief auch unser Singen bei den Kniesigs: Den Herrn Kniesig hatten wir uns als einen dicken, mürrischen Mann vorgestellt. Aber er war ganz anders und sehr nett. Seine Frau übrigens auch, und ganz besonders der wuschelige Hund der Kniesigs, der uns gleich begrüßte und fröhlich bellte, während wir Weihnachtslieder sangen. Das klang ungefähr so: „Leise – wau, wau – rieselt der – wau – Schnee – wau,wuff . . .“

Es machte großen Spaß. Ja, und zum Schluß mußten die Kniesigs sogar ein bißchen weinen, weil sie sich so freuten.

„Noch nie haben Kinder für uns gesungen“, sagte Frau Kniesig und umarmte uns. Und Herr Kniesig rief ein um das andere Mal: „Danke schön. Danke. Vielen, vielen Dank!“

Dann wollten die beiden uns zu einem Stück Kuchen einladen, aber wir waren schon so satt. Wir hatten auch keine Zeit mehr. So riefen wir nur schnell ‚Frohe Weihnacht‘ und rannten weiter.

Es war höchste Zeit, denn nun mußten wir zu Onkel Udo sausen und Kater Mimo abholen, den wir uns für Vati ausleihen wollten. Wegen der Mäuse! Onkel Udo und Mimo standen am Fenster und warteten auf uns.

„Wir dachten schon, ihr kommt nicht mehr“, rief uns Onkel Udo entgegen.

Er packte Mimo in einen großen Korb und deckte ihn mit einem bunten Tuch zu.

„Damit es eine Überraschung wird“, sagte er und grinste. Das war merkwürdig, denn immer, wenn Onkel Udo grinste, passierte etwas Schreckliches. Onkel Udo ist nämlich Vatis kleiner Bruder, und es macht ihm immer Spaß, Vati zu ärgern. Auch heute noch, wo er doch längst erwachsen ist.

„Dann feiert mal schön“, rief Onkel Udo uns lachend nach.

Wirklich merkwürdig! Wir hätten gerne gewußt, warum er so grinste. Heute war doch Weihnachten.

Doch zum Nachdenken blieb keine Zeit. Wir mußten uns sputen. Bald nämlich würde Tante Ida mit Dackel Püppi zu Hause eintreffen, und wir wollten sie bis zur Bescherung in unserem Zimmer verstecken. Wir rannten so schnell wir konnten, und weil wir es so eilig hatten, achteten wir nicht auf den Schneematsch, der schmierig auf der Straße lag. So spritzte ‚plitsch, platsch' ein grauer Matschfleck nach dem anderen auf unsere Festtagsröcke und die neuen weißen Strümpfe. Au weia! Als wir endlich vor unserer Haustür standen, sahen wir aus wie die Räuber: über und über mit Schmutz bespritzt. Eine schöne Bescherung!

Aber das war erst der Anfang. Was jetzt noch alles passierte, werde ich bestimmt nie mehr vergessen:

Wir wollten uns leise ins Haus schleichen, doch da riß Vati schon die Tür auf. Im Unterhemd stand er vor uns, und er sah überhaupt nicht weihnachtlich-fröhlich aus. Oh nein! Er musterte uns von oben bis unten, atmete tief durch und dann brüllte er los:

„Wo habt ihr gesteckt? Wißt ihr eigentlich, wie spät es ist? Und überhaupt: Wie seht ihr nur aus? Ihr Schmutzfinken! Und das an Weihnachten . . ." Seine Stimme wurde immer lauter. „. . . und was habt ihr mit meinen Hemden angestellt? Im ganzen Haus ist kein einziges Hemd zu finden." Er zerrte wild an seinem Unterhemd. „Soll ich vielleicht soo Weihnachten feiern?" Oh weh! Vati tobte wirklich.

Und weil er gar nicht mehr aufhörte, kam Mutti pitschnaß aus der Badewanne gerannt, denn sie dachte, es sei etwas passiert. Tropfend, in ein Badetuch gehüllt, Lockenwickler auf dem Kopf und eine hellgrüne Gurkenmaske im Gesicht, stand sie neben Vati und starrte uns an. Doch gerade als sie etwas sagen wollte, hörten wir hinter uns eine meckernde Stimme:

„Was ist hier los? Feiert man heutzutage sooo Weihnachten?" Tante Ida! O je! Die hatten wir ja ganz vergessen.

Vati und Mutti standen wie zwei Steinfiguren an der Haustür und stierten Tante Ida an, die in ihren besten Festtagskleidern auf uns zutrippelte. Was war sie voll beladen: rechts ein Koffer, links ein Korb mit Weihnachtspäckchen und Püppis Hundeleine, unter dem Arm Tannenzweige. Ein Bild, das keiner von uns so bald vergessen wird.

„Frohe Weihnacht", sagte Tante Ida und reichte Mutti den Korb mit den Geschenken. „Nimm das mal ab!" befahl sie. „Und schau nicht zu, wie sich deine alte Tante abschleppt! Und überhaupt: wie seht ihr denn aus? Bin ich etwa zu früh?" Sie schob Mutti beiseite und betrat das Haus.

„Ah, wir freuen uns, mit euch Weihnachten zu feiern", rief sie fröhlich. „Das ist schön, nicht wahr, Püppilein?" Vorsichtig hob sie Püppi hoch und setzte ihn auf Muttis Lieblingssessel.

Mutti atmete laut ein, doch es war, als hätte sie ihre Sprache verloren. Kein Wort kam über ihre Lippen.

Vati faßte sich als erster:

„Guten Tag, Tante Ida“, sagte er leise und hustete. „Was machst du eigentlich . . .“

Weiter kam er nicht, dann Püppi hatte sich neugierig Mimos Korb, den wir noch immer in den Händen hielten, genähert. Erst schnupperte er, dann begann er, wütend zu bellen. Das war zu viel für Mimo, der sich die ganze Zeit mäuschenstill verhalten hatte. Mit einem schrillen Miau sprang er aus dem Korb und jagte an uns vorbei ins Wohnzimmer. Püppi war empört. Ein Kater! Mit einem wütenden Knurren, den Schwanz steil aufgerichtet, sauste er wie eine Rakete hinter Mimo her.

Was waren wir erschrocken, doch es blieb keine Zeit für Erklärungen. Als der erste Schreck vorbei war, rannten wir fast gleichzeitig den beiden Kampfhähnen hinterher.

„Püppi, mein armes Püppilein!“ schrie Tante Ida ein um das andere Mal.

„Mistköter, wirst du wohl still sein!“

„Wo kommt nur dieser wildgewordene Kater her?“

Schimpfend und fluchend versuchten Vati und Mutti, die beiden Ausreißer einzufangen. Das sah vielleicht komisch aus: Mutti im Badetuch, mit grünem Gesicht und Lockenwicklern, Vati im Unterhemd und Tante Ida auf hohen Stöckelschuhen – so rannten sie um den Weihnachtsbaum herum.

Wir konnten nichts dafür, doch es war wirklich so komisch, daß wir einfach lachen mußten. Wir lachten und lachten, und das machte die drei noch wütender.

Natürlich schafften sie es nicht, Mimo und Püppi einzufangen. Die Jagd wurde immer wilder und Vatis Gesicht immer röter. Und als es gerade am schönsten war, erklang plötzlich von draußen Weihnachtsmusik – laut und falsch: ‚Oh, du fröhliche, oh du selige, gnadenbringende Weihnachtszeit . . .‘. Im gleichen Moment sauste ein großes weiß-braunes Wollbündel mit lautem Gebell ins Wohnzimmer. Es war Hüna, der freundliche Hund der Kniesigs. Der Gesang wurde auch immer lauter, und dann standen die Kniesigs mit vielen Tüten im Arm mitten im Wohnzimmer.

„Die Tür war offen“, sagte Herr Kniesig entschuldigend. „Wir wollten nur frohe Weihnachten wünschen und Dankeschön sagen!“

„Ich auch!“ rief es von hinten. Eine knurrige Stimme, die uns schon so manchen Schrecken eingejagt hatte: Nachbar Locke. Und in den Händen balancierte er eine schöne große selbstgebackene Weihnachtstorte. Nun fehlte nur noch die olle Meyer . . .

Lena zupfte mich am Ärmel.

„Es wäre besser, wir würden verschwinden“, sagte sie leise.

Ein guter Vorschlag. Ich nickte.

„Ja, weg! Nichts wie weg!“

Und während unsere Eltern hilflos und nichts begreifend unsere Weihnachtsüberraschungen „auspackten“, zogen wir uns vorsichtig zurück. Langsam, Schritt für Schritt.

Fast wäre uns die Flucht geglückt. Wir hatten schon die immer noch offen stehende Haustür erreicht, doch da plötzlich packte uns eine Faust am Kragen.

„Na, herrscht bei euch schon das große Chaos? Wie geht's denn dem armen Mimo?“

Uhh! Onkel Udo. Gott sei Dank nur Onkel Udo.

„Ich war einfach neugierig“, sagte er grinsend. „Und ich habe etwas mitgebracht!“

Er ging zur Tür und trug einen Korb Flaschen herein und – hinter ihm – stand die olle Meyer. Sie hatte ein richtig freundliches Weihnachtsmannlächeln im Gesicht, und sie war beladen mit einem köstlich bunten Freßkorb – und unserem Hemdenpaket. Au weia!

Es wurde dann doch noch ein schönes Weihnachtsfest. Irgendwann hatte Vati den ersten Schreck überwunden. Dann dauerte es auch nicht mehr lange, und alle hatten sich beruhigt. Vieles wurde gesagt, erklärt und belächelt.

Zum Schluß rief Mutti:

„Und nun feiern wir Weihnachten – gemeinsam!“

Da freuten sich alle, denn eigentlich fand es jeder schöner, mit uns zu feiern, als an diesem Tag alleine zu sein.

Und – wer hätte das vorher gedacht? – alle verstanden sich ganz prima. Es war ein Weihnachtsfest, das keiner von uns jemals vergessen würde – lustig, fröhlich, feierlich und sehr weihnachtlich –, und am allerwenigsten würde Vati unsere fünf Geschenke, die kein Geld kosteten, jemals irgendwo in einer Ecke im Schlamperschrank vergraben.

Elke Bräunling

Wenn die Geschichte zu lang ist, einzelne Wünsche und die entsprechende Wunscherfüllung gegenüberstellen und vorlesen. Aber die Größeren hören erfahrungsgemäß mit Spannung auch der ganzen Geschichte zu, die sich zudem danach noch in einem Rollenspiel gestalten läßt.

Nikolaus, ich wart' auf dich

Vorfreude, Erwartung des Nikolauses

Nikolaus, ich wart' auf dich!
Kommst du und besuchst du mich?
Warte schon so lange hier.
Ach, komm doch auch zu mir!

Draußen ist schon dunkle Nacht.
Hast du auch an mich gedacht?
Schau so lang schon nach dir aus!
Komm auch zu mir nach Haus!

Nikolaus, wo bleibst du bloß?
Ich bin doch noch nicht zu groß!
Werde mich von Herzen freun!
Komm doch zu mir herein!

Warte schon so lange Zeit.
Weiß ja, daß dein Weg so weit.
Lautes Rumpeln an der Tür:
Der Nikolaus ist hier!

Rolf Krenzer

Erzählen, wie es im letzten Jahr war, malen und spielen.

Steffen und der Nikolausstiefel

Weihnachtliches Brauchtum
vom Barbaratag bis zum Dreikönigstag

Rosa Weihnachtsblüten

Tanja erlebt, daß ein Zweig des Apfelbaumes mitten im Winter zu blühen beginnt.

Neben Tanjas Sandkasten steht ein alter Apfelbaum. Wenn sie im Sommer in seinem Schatten gespielt hat, war es immer schön kühl. Ein Zweig hing so weit über dem Sandkasten, daß er Tanja gepiekst hat.

„Wir werden ihn Anfang Dezember abschneiden und als Barbarazweig in die große Blumenvase stellen", meint die Mutter eines Tages. Tanja wird neugierig. Ein Barbarazweig? Seit wann heißt ein Apfelbaumzweig manchmal auch Barbarazweig?

„Warte bis Weihnachten, dann wirst du sehen, was mit dem Zweig passieren wird", sagt Mutter geheimnisvoll.

In der ersten Dezemberwoche gehen Mutter und Tanja zum Sandkasten. Auf dem Apfelbaumzweig sitzt gerade eine Kohlmeise. Sie warten, bis die Meise fortfliegt. Ohne Blätter sieht der Baum traurig aus. Der Zweig hängt jetzt wie ein langer krummer Finger über dem Sandkasten.

Mutter zeigt Tanja, wie sie den Zweig mit der Rosenschere abschneiden soll. Ganz fest muß sie drücken. Endlich hat sie es geschafft. Der Zweig plumpst nach unten. Sie tragen ihn ins Haus. Tanja füllt Wasser in eine große Glasvase und stellt den Zweig vorsichtig hinein.

„Jetzt wird er ein Barbarazweig!" ruft sie. Ob Mutter etwas verrät? Nein, sie sagt nichts. Also muß Tanja warten. Jeden Tag besucht sie ihren Zweig. Nichts passiert. Sie schaut hierhin und dorthin. Sie berührt den Zweig. Rissig und rauh ist seine Rinde, wenn ihre Finger darübergleiten. An einigen Stellen sitzen braune kleine Knospen fürs nächste Frühjahr. Einmal riecht sie sogar an ihren.

„Kannst du schon etwas riechen?" fragt Mutter lachend. Wenn sie doch nur etwas sagen würde! Aber eigentlich ist es doch so viel spannender.

Eine Woche ist vergangen. Tanja gießt frisches Wasser in die Vase. Plötzlich blinzelt draußen die Sonne zwischen den Wolken hindurch. Ein vorwitziger Sonnenstrahl fliegt genau auf eine Apfelknospe des Barbarazweigs. Nanu! Was ist denn das? Die Knospe hat sich verändert. Sie ist größer geworden. Alle Knospen sind größer geworden. Ganz deutlich kann man es sehen, jetzt, wo noch mehr Sonnenlicht über den Zweig fließt. Und einige Knospenspitzen haben sich sogar etwas geöffnet.

Tanja läuft zur Mutter und zieht sie an beiden Händen zur Blumenvase. Tatsächlich, an einigen vorher geschlossenen Knospenspitzen zeigen sich kleine Öffnungen. „Bald kommt der Frühling zu uns ins Haus", flüstert Mutter, aber mehr verrät sie immer noch nicht.

Wieder sind einige Tage vergangen. Der ganze Zweig hat sich verändert! Frischgrüne Blattspitzen schieben sich überall neugierig heraus. Wie zart sie sich anfühlen! Die Knospen haben sich weit geöffnet und zeigen, was sie vorher versteckt haben: Eng zusammengefaltet in ihren kleinen Knospenbettchen liegen die winzigen Blütenkinder. Noch schlafen sie.

Und dann steht Weihnachten vor der Tür. Draußen fällt der erste Schnee. In einer hellen Ecke aber leuchtet ein Barbarazweig mit vielen blaßrosa Blütenblättern. Im Winter ist der Frühling zurückgekehrt!

„Wie bunte Schmetterlinge sehen die Blüten aus", staunt Tanja. Am liebsten würde sie den Barbarazweig hinaus zum Apfelbaum tragen und ihm seine duftigen Blütenkinder zeigen. Heute will sie ein Bild von ihm malen.

Rainer Hohmann

Barbara-Zweige pflücken und in eine Vase stellen. Jeden Tag nachsehen, ob sie sich weiter entwickeln.

Steffen und der Nikolausstiefel

Jedes Jahr am Nikolaustag holt Steffen Großvaters alten Stiefel und stellt ihn vor die Tür. Neben vielen Überraschungen findet er am nächsten Morgen auch ein Stück Kohle darin.

Bald ist Nikolausabend. Am 5. Dezember ist es soweit. Steffen freut sich schon lange auf diesen Tag, denn dann darf er wieder den alten großen Lederstiefel von Großvater vor die Tür stellen. Wenn doch nur die Zeit schneller verginge! Jetzt sind es immer noch zwei Tage. Nachts träumt Steffen vom Nikolaus, wie er in seinen großen roten Stiefeln durch den tiefen Wald stapft. Wie schwer ihm der Sack mit den Geschenken sein muß! Vielleicht hat er keinen Schlitten dabei, obwohl die Wege so tief verschneit sind? Oder er wird krank und kann gar nicht kommen? Ob er dann seinen Gehilfen schicken kann?

Heute kommt Vater früher nach Hause als sonst. Schon an der Tür blinzelt er Steffen zu. Nach dem Abendessen gehen sie beide zur Dachbodentür. Mutter holt den Holzstab, und Steffen zieht die Klapptür am Stab nach unten. Vater läßt die Leiter heruntergleiten.

Puh! Wie kalt es plötzlich wird, als sie auf dem Dachboden stehen. Gruselig ist es hier zwischen alten staubigen Kisten und vielerlei Krimskrams. Steffen kann gar nichts richtig erkennen im Dämmerlicht.

Vorsichtig schleicht er über den knarrenden Bretterboden. Er weiß noch genau, wo der Stiefel hängt. Ja, da ist es! An einem rostigen Nagel am hinteren Dachbalken baumelt er. Vater leuchtet mit der Taschenlampe. Spinnweben und Staub haben den Stiefel ganz verschmutzt. Vorsichtig geht Steffen auf die Zehenspitzen und nimmt ihn herunter. „So, das wäre geschafft!" sagt Vater. „Den habe ich als kleiner Junge auch schon vor die Tür gestellt", lächelt er.

Im Keller wird der Stiefel gesäubert. Mit einem feuchten Tuch wischt Steffen ihn innen aus. Vater hält ihn solange fest. Anschließend bürstet Steffen den Staub ab. Jetzt gefällt ihm der alte Kerl schon besser. Der Nikolaus wird seine Freude an ihm haben. Behutsam trägt Steffen nun die schwarze Schuhcreme auf. Jetzt hat er neben der Nase und auf der Stirn einen dicken Schuhcremeflecken. „Toll siehst du aus", grinst Vater, „wie der Räuber Hotzenplotz!" Steffen lacht. Zum Schluß bürstet er Großvaters Stiefel mit der Glanzbürste und spuckt nochmal darauf. So soll der Stiefel noch mehr glänzen, hat er gehört. „Wunderbar!" meint Vater. „Der sieht fast aus wie neu gekauft. Mutter wird staunen!"

Dann ist es Zeit zum Schlafengehen. Im Schlafanzug läuft Steffen mit dem Stiefel zur Tür und stellt ihn davor. Schnell flitzt er zurück ins warme Bett und schläft bald ein, so schwer hat er heute gearbeitet.

Am nächsten Morgen weckt ihn die Mutter schon früh. „Ich glaube, im Stiefel steckt etwas", flüstert sie.

Im Nu ist Steffen aus den Federn. Tatsächlich! Der Stiefel ist voll bis zum Rand: ein durchsichtiger Spazierstock mit bunten Perlen, ein kleiner Malkasten, ein Borstenpinsel und ein Tierbuch. Ganz unten aber – oh weh! – was ist denn das? Da liegt doch tatsächlich ein Stück Kohle! An ihr ist ein Zettel festgebunden, auf dem in roten Buchstaben steht: „Lieber Steffen! Ich habe gehört, daß du manchmal unartig warst. Weil Du aber sonst ein prima Kerl bist, habe ich auch nur ein kleines Stück Kohle in den Stiefel gelegt!

Ein frohes Weihnachtsfest wünscht Dir Dein Nikolaus!"

Rainer Hohmann

Wir erzählen, wie es bei uns zu Hause am Nikolaustag zugeht – Gesprächsimpuls: Findet ihr auch einen Zettel im Stiefel ... oder?

Ein Nikolausteller für Manuel

Manuel ist sehr vergeßlich. Am Nikolausabend liegen alle Dinge, die er in der letzten Zeit im Kindergarten liegengelassen hat, zu Hause auf seinem Nikolausteller. Und die Schokoladentaler, auf die sich Manuel am allermeisten gefreut hat, die hat der Nikolaus auch nicht vergessen.

Der kleine Manuel ging gerne in den Kindergarten. Dort hatte er viele Freunde. Mit ihnen spielte, bastelte, sang und lachte er. Einmal bastelte der kleine Manuel einen goldenen Stern, den wollte er zu Hause aufhängen. Als es zwölf Uhr war und Manuel nach Hause ging, vergaß er aber, den Stern mitzunehmen. Am nächsten Tag suchte Manuel im Kindergarten nach dem Stern. Aber so sehr er auch suchte, er konnte den Stern nirgends finden. Der goldene Stern war verschwunden!

Bald darauf vergaß der kleine Manuel wieder etwas. Diesmal ließ er seinen weichen Schal im Kindergarten liegen. Am nächsten Tag suchte er den Schal, aber er konnte ihn nicht finden. Der weiche Schal war verschwunden!

Ein anderes Mal ließ der kleine Manuel seine knallroten Handschuhe liegen. Manuel fand seine Handschuhe so schön, daß er sie am liebsten auch im Sommer getragen hätte. Nun waren auch die Handschuhe weg!

Aber es sollte noch schlimmer kommen! Kurz vor dem Nikolaustag vergaß der kleine Manuel seine bunte Kindergartentasche. Er ging ohne sie nach Hause. Und am nächsten Tag war auch die bunte Kindergartentasche verschwunden!

Jedesmal schimpfte die Mutter mit Manuel und sagte, er sei viel zu vergeßlich. Aber der kleine Manuel hörte nicht hin. Er hatte nur den Nikolaus im Kopf. Im letzten Jahr hatte der Nikolaus ihm leckere Schokoladentaler gebracht. Nichts aß der kleine Manuel lieber als Schokoladentaler, und er glaubte fest daran, der Nikolaus würde ihm auch in diesem Jahr welche bringen. ‚Noch einmal schlafen, dann ist es so weit', freute sich der kleine Manuel. Seinen Nikolausteller hatte er schon aufgestellt und Zucker für den Esel darauf gestreut.

Gerne hätte der kleine Manuel zugesehen, wie der Nikolaus spätabends die Schokoladentaler auf den Teller legt. Aber so lange durfte er nicht warten. Die Mutter schickte ihn ins Bett. Manuel war so aufgeregt, daß er erst nicht einschlafen konnte; dann wurde er doch müde und schlief tief und fest und träumte vom Nikolaus.

Als der kleine Manuel am Morgen erwachte, rieb er sich die Augen, sprang aus dem Bett und lief zu seinem Nikolausteller. Aber was war das! – Der goldene Stern, den er im Kindergarten gebastelt hatte, lag auf dem Teller. Der weiche Schal, die knallroten Handschuhe, die er so gerne trug, und die bunte Kindergartentasche. Alles, was er im Kindergarten vergessen hatte, lag hier auf seinem Teller. Nur die Schokoladentaler, auf die er sich so gefreut hatte, waren nirgends zu sehen. ‚Der Nikolaus hat die Schokoladentaler vergessen', dachte Manuel traurig.

„Vielleicht", sagte die Mutter, „sind die Schokoladentaler in der Kindergartentasche." Manuel öffnete seine Kindergartentasche und wirklich – da waren die Schokoladentaler. „Siehst du", sagte die Mutter, „der Nikolaus hat an deine Schokoladentaler gedacht. Der ist nicht so vergeßlich wie du." Da war Manuel aber froh! Einen Schokoladentaler ließ er sich schmecken, dann ging er vergnügt in den Kindergarten.

Elke Kolodzey

Gesprächsimpuls: Woher konnte der Nikolaus das alles nur wissen? – Wie hat er die Sachen aus dem Kindergarten auf Manuels Weihnachtsteller gezaubert? – Ob der Nikolaus heimliche Helfer hat? – Wie ist das überhaupt mit dem Nikolaus?

Am Nikolausabend

Zu manchen Kindern kommt der Nikolaus persönlich. Bei anderen steckt er heimlich allerlei Köstlichkeiten in die Stiefel oder in die Schuhe. In anderen Familien gibt es statt des Nikolausbesuches mit Plätzchen und Süßigkeiten gefüllte Weihnachtsteller. Aber alle Kinder warten am Nikolausabend.

Wie ist das nun mit dem Nikolaus? Gibt es ihn überhaupt? Kommt er wirklich? Davon erzählt das folgende Gedicht:

Gestern abend,
etwa um acht,
da lag ich im Bett
und hab mir gedacht:
Heut schlafe ich nicht,
zieh lieber die Bettdecke
vor das Gesicht
und blinzele vorsichtig
durch einen Schlitz.

Ich war schon ganz hibbelig,
so richtig kribbelig
vom langen Warten.

Da geht auf einmal die Türe auf,
und herein kommt verstohlen,
auf leisen Sohlen
jemand geschlichen,
legt auf den Teller was drauf,
husch, husch,
und ist schon entwichen.

Alles war dunkel im Zimmer;
kein bißchen Schimmer,
kein Lampenschein
drang herein.

Ich guckte mir fast die Augen aus.
War er's nun wirklich,
der Nikolaus?

Verflixt!
Jetzt weiß ich ein ganzes Jahr
wieder nicht,
ob das der Nikolaus war.

Ortfried Pörsel

Das Nikolausgedicht entsprechend seinem Spannungsaufbau mit Orff-Instrumenten zum Erzählen begleiten, auch mit Klangbausteinen und anderen Instrumenten. Sprechangebote: Geheimnisvoll, leise sprechen, langsam, dann laut, schnell usw.

Der falsche Kalender

In dem lustigen Märchen wird erzählt, was passieren kann, wenn sich der Weihnachtsmann im Kalender um einen Tag irrt.

Einmal passierte dem Weihnachtsmann ein ärgerliches Mißgeschick. Er fuhr einen Tag zu früh auf die Erde hinab! Schuld daran war der Kalender, von dem er das Datum abgelesen hatte.

Der Weihnachtsmann hatte nämlich versehentlich den vom Vorjahr aufgeblättert – ganz in Gedanken an die vielen Kinder, die er beschenken mußte. Und da fiel der Heilige Abend schon auf den Dienstag und nicht auf den Mittwoch, wie es richtig gewesen wäre.

Niemand im Himmel bemerkte die Verwechslung, denn dort hatte man ja auch alle Hände voll zu tun und konnte sich nicht noch um die Angelegenheiten anderer Leute kümmern. Die Engel waren eifrig damit beschäftigt, ihre Flügel für das hohe Fest zu putzen und zu stutzen und die schneeweißen Hemden zu waschen und zu bügeln. Petrus mußte, wie immer um diese Jahreszeit, pausenlos das Himmelstor aufschließen, um eine Seele einzulassen. Und hernach mußte er es sogleich wieder abschließen und den Riegel vorschieben, damit nicht jemand in den Himmel gelangte, der nicht hineingehörte. Und selbst die Weihnachtsfrau konnte ihren Mann nicht auf sein Versehen aufmerksam machen, denn sie steckte auch bis über die Ohren in Vorbereitungen für den Heiligen Abend und hatte noch längst nicht alle Kuchen gebacken und alle Zimmer geputzt.

So kam es also, daß der Weihnachtsmann schon am dreiundzwanzigsten Dezember die Rentiere vor den Schlitten spannte und pünktlich mit dem letzten Sonnenstrahl auf die Erde hinabsauste. Aber, o weh, dort wurde er übel aufgenommen!

Einen Tag vor dem Heiligen Abend wollte niemand etwas von ihm wissen.

Als er bei Familie Sander in der Goethestraße läutete, hatte Frau Sander gerade ihre vier größeren Kinder gebadet und ins Bett gebracht und war nun dabei, dem kleinsten frische Windeln anzulegen und sein Müsli zu wärmen. Das tat sie in fliegender Hast, denn sie dachte dabei an den Kuchen im Backofen, der nicht verbrennen durfte, und an die Gardinen, die sie gewaschen hatte und noch feucht aufstecken mußte, damit sie nicht kraus wurden. Und nun läutete jemand!

„Wer ist denn da?“ rief sie, ganz verärgert darüber, daß ein ungebetener Besucher sie einen Tag vor dem Fest in ihrer Arbeit stören wollte.

„Ich bin es, der Weihnachtsmann!“ antwortete der Weihnachtsmann wahrheitsgemäß.

„Was?“ rief Frau Sander. „Der Weihnachtsmann? Der soll sich zum Kuckuck scheren! Ich habe zu tun und bin nicht zum Scherzen aufgelegt!“

Über diese Antwort war der Weihnachtsmann sehr verblüfft. So war er in seinen vielen Dienstjahren noch nirgends empfangen oder genauer gesagt abgewiesen worden. Schon wollte er ein zweites Mal läuten, aber da besann er sich anders.

„Nein“, sagte er, „ich habe auch meinen Stolz. Wenn man mich vor der Tür stehenläßt und nicht hereinbittet, nehme ich die Geschenke wieder mit.“

Und schon stieg er wieder auf den Schlitten und fuhr ein Haus weiter.

Dort wohnte Frau Jachens, eine alte Dame, die mal Lehrerin gewesen war, nun aber mit ihren beiden Katzen und dem Dackel Purzel allein ihren Lebensabend verbrachte.

Der Weihnachtsmann wollte den süßen Kätzchen bunte Halsschleifen, dem Dackel einen weichen Gummiknochen zum Spielen und ihr selbst eine Schallplatte und ein dickes Buch bringen. Nun stand er in seinem prächtigen roten Mantel vor der Tür und schellte.

Frau Jachens erschrak sehr. Seit länger als einem halben Jahr hatte niemand mehr auf die Klingel gedrückt. Sie kriegte nämlich nie Besuch. Vorsichtig tappte sie an die Tür.

„Wer ist da?“ fragte sie ängstlich.

Im Fernsehen wurden doch immer so gräßliche Dinge gezeigt, von bösen Männern, die zu einsamen alten Frauen in die Wohnung kamen und sie beraubten. Und darum schloß sie die Tür nur dann auf, wenn sie sicher sein konnte, daß niemand davorstand, der ihr etwas antun wollte.

„Ich bin der Weihnachtsmann“, sagte der Weihnachtsmann. „Ich möchte Ihnen Ihre Geschenke bringen!“

Nun wußte Frau Jachens als ehemalige Lehrerin natürlich, daß es bis zum Heiligen Abend noch einen Tag hin war und daß darum der Mann in seinem roten Mantel auf keinen Fall der Weihnachtsmann sein konnte.

„Scheren Sie sich fort!“ schrie sie darum laut und schrill. „Oder ich rufe die Polizei! Auf Ihre bösen Tricks falle ich nicht herein!“

„Böse Tricks?“ brummte der Weihnachtsmann. „Sie spinnen ja! Also dann eben nicht! Ich kann auch selbst auf dem Gummiknochen herumkauen, wenn Ihr Hund ihn nicht haben soll!“

Kopfschüttelnd bestieg er wieder den Schlitten und fuhr weiter.

Als nächstes kam er zu den Schneiders, einem Ehepaar mit einem Kind, dem wilden Ferdinand.

Die Familie saß gerade beim Abendbrot, und Herr Schneider belehrte seinen übermütigen Sohn soeben, wie er sich zu benehmen hätte, wenn morgen der Weihnachtsmann käme.

Da läutete es.

„Nanu, wer will uns denn einen Tag vor dem Heiligen Abend und dazu noch zu so später Stunde stören?“ rief Frau Schneider. „Die Leute wissen wirklich nicht, was sich gehört!“

Ferdinand, immer zu Streichen aufgelegt, lief ans Fenster und blickte von oben auf den späten Gast hinab.

Nun hatte der Weihnachtsmann seinen vollbeladenen Schlitten dummerweise nicht vor dem Haus geparkt, weil dort drei große Autos standen, sondern seitlich daneben, so daß der Junge ihn nicht sehen konnte. Darum dachte Ferdinand, irgendein Nachbar habe sich als

Weihnachtsmann verkleidet und sei gekommen, um ihnen einen Streich zu spielen. Rasch holte er die große Blumenvase aus dem Schlafzimmer der Eltern, nahm die Blumen heraus und goß dem Weihnachtsmann das Wasser auf den Kopf.

„Hau ab, du falscher Weihnachtsmann!“ rief er dabei. „Such dir die Dummen woanders!“

„Pfui Spinne!“ schimpfte der Weihnachtsmann. „Was ist das? Ist denn die ganze Welt verrückt geworden? Man jagt mich fort, will die Polizei holen und gießt mir Wasser auf den Kopf. Ich glaub, mich streift ein Bus!“

Wütend kletterte er auf den Schlitten, wischte sich mit dem Taschentuch das Wasser aus dem Nacken und jagte weiter.

Da blickte er beim Uhrmacher Zeitlich im Vorbeifahren zufällig auf die große Uhr im Schaufenster, die nicht nur die Zeit, sondern auch das Datum und den Wochentag angab. Und da wäre er vor Schreck fast vom Schlitten gefallen. Ganz deutlich erkannte er nämlich eine 23 auf dem Zifferblatt.

„Potz Blitz!“ rief er. „Haben wir heute erst den Dreiundzwanzigsten? Dann wird mir alles klar! Wie konnte ich mich bloß so versehen? Also, marsch zurück in den Himmel! Du meine Güte aber auch! Hoffentlich merken die Engel nichts von meinem Irrtum, sonst haben sie wieder wochenlang was zu kichern und zu lachen. Und Petrus, der alte Brummbär, wird seine Schadenfreude auch nicht verbergen können. Hüh, meine braven Tiere, lauft. Euer Herrchen war heute nicht viel klüger als ein Esel. Seid bitte so freundlich und macht einen kleinen Umweg um den Mond herum, damit wir durch die Hintertür in den Himmel schlüpfen können. Hüho, hüho!“

Werner Schrader

Die ganze Geschichte oder einzelne Szenen daraus in ein Rollenspiel (Schattenspiel, Spiel mit Handpuppen, Stabpuppen, Tischtheater, aber auch Hörspiel) umsetzen.

Wart nur!

Da liegt doch tatsächlich am 6. Dezember etwas auf der Straße, was nur aus dem schweren Nikolaussack herausgefallen sein kann.

Da hat doch Knabberle,
die freche Maus,
heimlich dem Nikolaus
in seinen Sack
aus Schabernack
ein Loch geknabbert.

Stapft heut der Alte
von Haus zu Haus,
fall'n ihm die schönsten Sachen 'raus.
Hört nur, wie es klappert!

Du willst wohl auf die Straße gehn,
um draußen richtig nachzusehn,
ob da was liegt? – Na bitte!

Und liegt da nichts,
ist's auch nicht schlimm;
dann bin ich grad vorbeigekommen
und habe alles mitgenommen.

Ortfried Pörsel

Vor dem Kindergarten liegen viele winzige Süßigkeiten. Alle bunt verpackt. Wie mögen die nur dorthin gekommen sein? Hat jemand schon etwas Ähnliches erlebt? Vielleicht zu Hause oder sonstwo? Erst anschließend wird das Gedicht von der Maus und dem Nikolaussack vorgelesen. – Mit Klangbausteinen oder Instrumenten können wir zum Sprechen des Gedichtes noch ganz unterschiedliche Geräusche produzieren.

Drei Löcher im Sack

Im Märchen vom Nikolaus (oder vom Weihnachtsmann) wollen drei Eichhörnchen mit einer List an die süßen Sachen im Nikolaussack gelangen. Aber der Esel paßt gut auf. So kommt es, daß doch alles wohlbehalten zu den Kindern gelangt, für die es schließlich auch bestimmt ist.

Draußen im Wald liegt viel Schnee. Weiß und festlich sieht alles aus. Nur der große Rabe ist schwarz wie immer, eben rabenschwarz. Er hockt auf einer verschneiten Tanne und sagt leise: „Kra, ich bin da." Weil er keine Antwort bekommt, meldet er sich ein wenig lauter: „Kra, kra, ich bin da." Er wartet ein Weilchen und schnarrt dann ärgerlich: „Kra, kra, kra, ich bin da!"

Endlich kommt das Eichhorn Buschelschwanz aus seinem Schlafwinkel hervor. „Was willst du, großer Rabe?" fragt es. „Ich habe eben so schön geträumt."

„Jetzt ist nicht Traumzeit", schnarrt der große Rabe, „der Nikolaus hat seinen vollen Sack vor dem Haus bereitgestellt. Morgen wird er ihn zu den Kindern bringen. Sie bekommen all die guten Sachen. Wenn unterwegs ein paar Nüsse für dich herausfallen sollen, mußt du jetzt gleich ein Loch in den Sack nagen."

Da vergißt Buschelschwanz seine Träume. Hellwach ist es jetzt. Schnell holt es seine Freunde herbei, den Springer und den Hupfer. Leise eilen die drei zum Nikolaushaus. Es ist nicht schwer, im weichen Schnee leise zu gehen. Und nun sind sie beim Sack. Jeder nagt ein Loch, so groß, daß eine Nuß herausfallen kann.

Der Nikolaus bemerkt das nicht. Er spricht gerade mit einem Reh, das Hunger hat und friert. Oft besuchen ihn im Winter Tiere, die krank sind oder sonst in Not. Allen hilft er, und darum hat er viel zu tun. Auch denkt er gar nicht daran, daß jemand ihm einen Streich spielen könnte. Alle im Wald sind seine Freunde.

Daß der Nikolaus allen Tieren hilft, gefällt seinem Esel gar nicht. Nur zu ihm soll er lieb sein, nur ihn soll er streicheln, nicht alle die anderen Tiere im Wald. Er hört den Nikolaus und das Reh vor der Stalltüre. Breit stellt er sich vor seine Futterkrippe hin. Diesmal will er dem Gast nicht Platz machen und sein Heu nicht teilen mit ihm. Nein, nein, nein, diesmal gewiß nicht!

Die Stalltür geht auf, der Nikolaus kommt mit dem Reh. „Na, altes Grautier", sagt er freundlich, „du bekommst Besuch. Mach ein wenig Platz."

„Fällt mir nicht ein", knurrt der Esel.

„Sei so lieb und laß das Reh auch an die Krippe", bittet der Nikolaus.

Der Esel hebt ein Bein, er will dem Reh einen Tritt geben. Scheu weicht das Reh zurück. Es schaut den Nikolaus ängstlich an. Wird er den störrischen Esel schlagen? Oder wird er es zurückschicken in den Wald, wo es verhungert und erfriert? Aber nein, der Nikolaus kennt doch sein altes Grautier. Er geht zu ihm hin und streichelt es:

„Lieber Freund“, sagt er, „ich habe doch genug Heu für alle! Und morgen, mein treuer Helfer, morgen gehen wir ja zusammen auf die Reise, du und ich!“

Da kann der Esel nicht mehr störrisch sein. Er läßt das Reh zur Futterkrippe kommen, und beide werden satt. Nachts kuscheln sie sich aneinander. Das Reh ist dankbar für die Wärme, und der Esel denkt so für sich: „Eigentlich ist es ganz nett, wenn jemand bei mir im Stall schläft.“

Die drei Eichhörnchen haben ihre Löcher fertig genagt und nun schlafen sie auch. Der große Rabe will sie morgen früh wecken. Nur der Nikolaus schläft nicht. Er sitzt in seinem Stübchen und liest in dem großen Buch, darin ist so vieles aufgeschrieben über die Kinder, die er besuchen will.

Am anderen Morgen führt der Nikolaus seinen Esel früh aus dem Stall, hebt den schweren Sack auf seinen Rücken und sagt: „Dann also los, alter Freund: Wir haben einen weiten Weg.“

Das Reh begleitet die beiden. Auf einer verschneiten Tanne sitzt der Rabe und sagt: „Kra, ich bin da.“ Zuerst sagt er das leise, dann lauter, und zuletzt schnarrt er ärgerlich: „Kra, kra, kra, ich bin da.“

Der Nikolaus achtet nicht auf den großen Raben, und er bemerkt auch nichts von den Löchern in seinem Sack. Er denkt an die Kinder und an alles, was er in seinem großen Buch über sie gelesen hat.

Auf einmal bleibt der Esel stehen. „Schon wieder störrisch, altes Grautier“, sagt der Nikolaus und streichelt ihn. „Komm, wir haben einen weiten Weg zu gehen.“

„Gar nicht störrisch bin ich“, wehrt sich der Esel, „aber etwas ist nicht in Ordnung. Mein Sack wird immer leichter.“

„Unsinn“, lacht der Nikolaus, „der wird erst leichter, wenn wir bei den Kindern sind.“

„Nein“, wehrt sich der Esel, „ich spüre es doch. Guck einmal nach.“

Der Nikolaus schaut nach und sieht drei Löcher im Sack und Nüsse im Schnee und Buschelschwanz mit seinen Freunden, dem Hupfer und dem Springer. Sie sammeln, was herausgefallen ist, und freuen sich. Was werden die Kinder sagen, wenn sie keine Nüsse bekommen?

Was trippelt und trappelt, was hüpft und springt von überall herbei? Mäuse, Hasen, Eichhörnchen, Rehe, alle Waldtiere, die das Glöckchen des Nikolaus gehört haben und ihm gute Reise wünschen wollen. Und alle diese Tiere sehen, was Buschelschwanz und seine beiden Freunde angestellt haben. Die müssen sich schämen. Großmutter Eichhorn gibt ihrem Enkel Buschelschwanz einen Klaps, und der Großvater zieht den Hüpfer und den Springer am Ohr.

Alle Tiere suchen die verlorenen Nüsse zusammen und bringen sie dem Nikolaus. Er hat ihnen so oft geholfen, wenn sie in Not gewesen sind. Jetzt wollen sie auch etwas für ihn tun. Schon sind alle Nüsse da, aber die drei Löcher im Sack bleiben. Eichhörnchen können nur nagen, das Nähen haben sie nie gelernt. Was nun?

Das Reh, das den Nikolaus und den Esel begleitet, weiß guten Rat. Als ganz junges Rehlein hat es seine Mutter verloren, und eine Mähmaschine hat ihm sein Beinchen verletzt. Da ist eine alte Frau gekommen. Die hat es mit einer Milchflasche gefüttert und das kranke Bein gepflegt. Die alte Frau wohnt nicht weit weg.

Das Reh rennt gleich hin. Die Frau steht vor ihrem Haus. Das Reh leckt ihre Hände, es zieht an ihrer Schürze, es geht ein paar Schritte und kommt wieder zurück, bis die Frau versteht, daß sie ihm folgen soll.

So kommt sie zum Nikolaus. Es dauert noch ein Weilchen, bis sie ihm helfen kann. Sie muß noch einmal heimlaufen und ihr Nähzeug holen. Aber dann geht es schnell. Alle drei Löcher flickt sie, und nun kann der Nikolaus weiterziehen. Er ist froh, er bedankt sich bei der Frau.

Das Reh aber will nicht mit in die große Stadt. Es bleibt bei der Frau und feiert mit ihr zusammen einen wunderschönen Nikolausabend.

„Kra, kra, kra, ich bleib nicht länger da“, sagt der große Rabe leise vor sich hin und verreist in die Berge, wo er Verwandte besuchen will. Nun, der wird nicht so bald wiederkommen, der weiß schon, was die Tiere im Wald von ihm denken.

Ursula Burkhard

Bilder zu der Geschichte malen – Das Märchen in ein Spiel umsetzen. – Ein Bilderbuch anfertigen.

Nikolaus und sein Esel

Der Esel des Nikolaus ist ein bißchen neidisch auf die anderen Tiere, weil er eben nur ein Esel ist. Aber dann darf er den schweren Nikolaussack tragen, und alle Kinder lieben ihn.

Der Nikolausabend ist angebrochen. Es wird bereits dunkel. Tief im Wald steht ein altes Haus. Daneben ist ein Stall. Im Haus wohnt der Nikolaus, im Stall sein Esel. Aus einem Fenster scheint Licht in die Nacht hinaus. Die Stalltür ist offen.

Horch! Der Esel guckt neugierig aus dem dunklen Stall. Er sieht den Hasen: Wie der drollige Sprünge macht und mit den Ohren wackelt. Sein Fell schimmert. Als wären Silberfäden darin verborgen!

Der Esel seufzt: Die Kinder! Sie lieben lustige Hasen und streichen zärtlich über ihr seidenweiches Fell. Wenn meines nur nicht so grau und struppig wäre!

Von einer Tanne turnt das Eichörnchen. Denn neben dem Schlitten liegt eine Nuß. Es nimmt sie blitzschnell mit sich auf den Baum und knackt sie auf.

Der Esel seufzt: Die Kinder! Sie lieben das flinke Eichhörnchen, bewundern seine Sprünge und locken es mit Nüssen vom Baum. Wenn ich nur nicht so langsam, so schwerfällig wäre!

Der Vogel fliegt vom Ast, setzt sich auf den Schlitten und piepst. Tönt es nicht wie eine feine Glocke?

Der Esel seufzt: Die Kinder! Sie lieben die zierlichen Vögel mit ihrem Gesang, streuen ihnen Kerne und Samen vor das Fenster. Wenn ich nur eine schönere Stimme hätte!

Der Esel ist traurig geworden. Sein Futter schmeckt ihm heute nicht. Obwohl er schwer gearbeitet und viele Sachen herbeigetragen hat: Nüsse, Mandarinen, Feigen, Orangen, Äpfel, Birnen . . .

Endlich kommt der Nikolaus aus dem Haus. Der Esel staunt: Ein Glitzern von Silberfäden aus seinem prächtigen Gewand! Dieser feine, weiche Pelz um Kapuze und Mantelsaum! Und die Glocke: Wie sie läutet in seiner Hand!

Der Esel ist aus dem Stall getreten. Da steht er vor dem Nikolaus und bringt nur einen heiseren Ton heraus: I–ah! Wie schön!

Der Nikolaus tätschelt den Rücken seines Esels und sagt: Noch liegt zu wenig Schnee auf den Wegen. Ich kann den Sack nicht auf dem Schlitten ziehen. Wenn ich dich nicht hätte, mein guter Grauer!

Der Esel neigt seinen Kopf und läßt sich den Sack auf den Rücken laden.

Der Vogel fliegt voraus.

Das Eichörnchen schwingt sich von Baum zu Baum.

Der Hase hoppelt neben dem Esel her.

Sie nähern sich einem Haus am Waldrand. Ein Hund bellt. Kinder schreien.

Hase, Eichhörnchen und Vogel flüchten erschrocken zurück in den Wald. Aus Baum und Gebüsch spähen sie zum Haus hinüber:

Der Nikolaus nimmt seinen Sack vom Rücken des Esels. Die Kinder hüpfen und jauchzen, der Hund bellt und tanzt um sie herum.

Die Kinder! Sie stürzen sich auf den Esel, streichen über sein struppiges Fell, kraulen seinen Hals. Eines hält ihm einen Leckerbissen hin. Sachte fährt er ihm mit der Zunge über die Hand.

Elisabeth Heck

Das Märchen in einem kleinen Rollenspiel gestalten, als Schattenspiel oder Singspiel.

Das Märchen vom zerstreuten Weihnachtsmann

Im Eifer der Weihnachtsvorbereitungen verwechselt der Weihnachtsmann die Namenslisten, so daß die Menschen in diesem Jahr recht seltsame Geschenke bekommen. Trotzdem sind am Ende alle ganz zufrieden.

Ihr wißt ja, daß der Weihnachtsmann vor Weihnachten so viel zu tun hat, daß er oft kaum noch weiß, wie er die viele Arbeit schaffen kann. Man erzählt, daß ihm die Zwerge dabei helfen und daß es sonst noch einen ganzen Haufen von Engeln und sonstigen Helfern gibt, die alle beim Geschenkeaussuchen und Verpacken mitmachen. Kein Wort ist davon wahr! Glaubt mir: der Weihnachtsmann steht ganz allein da. Nicht einmal die Weihnachtsfrau hilft ihm dabei. Die hat nämlich alle Hände voll zu tun, um die vielen Weihnachtsstollen und Weihnachtsplätzchen zu backen, die an Weihnachten dazugehören und ohne die Kinder und Erwachsene anscheinend kein Weihnachten feiern können.

Nun gut, am letzten Tag vor Weihnachten hatte der Weihnachtsmann noch immer so viele Päckchen zu packen, daß er überhaupt nicht mehr durchkam. Er stöhnte laut vor sich hin und brummelte allerlei in seinen Bart. Man merkte ihm eben an, daß er ganz und gar nicht zufrieden war.

„Solange die Plätzchen im Backofen sind, kann ich dir ja ein bißchen helfen!“ meinte schließlich die Weihnachtsfrau, als sie sah, wie sich der Weihnachtsmann abplagte. „Wer soll denn was bekommen?“ fragte sie.

Der Weihnachtsmann gab ihr eine der langen Listen, die er vor sich liegen hatte. Auf der Liste standen alle Namen der Kinder und Erwachsenen, die in diesem Jahr etwas vom Weihnachtsmann bekommen sollten. Und hinter den Namen war auch aufgeschrieben, was sie sich gewünscht hatten und was sie nun wirklich zu Weihnachten bekommen sollten.

„Aha!“ sagte die Weihnachtsfrau und begann, die Geschenke zu sortieren und einzupacken. „Die Namen mußt du aber noch selbst draufschreiben!“ meinte sie, als sie damit fertig war. „Alles liegt jetzt so nebeneinander, wie es auf der Liste aufgeschrieben ist! Du mußt oben anfangen!“

„Alles klar!“ nickte der Weihnachtsmann, legte die Liste beiseite und arbeitete emsig weiter. Aber oh weh, als er die Namensschildchen schreiben wollte, wußte er nicht mehr, welche Liste die richtige war.

„Ich bin heute wieder ein bißchen zerstreut!“ brummelte er leise vor sich hin. „Aber es wird schon stimmen!“

Er nahm die Liste, die gerade obenauf vor ihm lag, holte sich einen Packen neuer Namensschilder, schrieb einen Namen nach dem anderen sorgfältig von der Liste ab und klebte die Schildchen nach und nach auf die Päckchen, die die Weihnachtsfrau bereits gepackt hatte.

So kam es, daß diese Weihnachten manch einer etwas bekam, was er sich niemals gewünscht hatte. Weil es aber nun ein Weihnachtsgeschenk war, traute sich auch kaum einer, etwas zu sagen, gar zu mekkern oder zu versuchen, es umzutauschen. Schließlich hatte der Weihnachtsmann die Sachen gebracht. Und wenn man sich beschwerte, dann konnte es passieren, daß der Weihnachtsmann sich ärgerte und nächstes Jahr überhaupt nichts mehr brachte.

So freute sich der Ayan aus der Obdachlosensiedlung, daß er zu Weihnachten einen dicken Pullover und warme Stiefel bekam. Bisher war er nur in Turnschuhen herumgelaufen. Sie waren schon lange an der Sohle eingerissen.

Und Opa Schmückert im Altersheim, der so schwach war, daß er meist im Bett liegen mußte, fand in seinem Weihnachtspäckchen den knallroten Walkman, der eigentlich für die Utta aus der Bahnhofstraße bestimmt war. Dazu drei Märchencassetten und eine Cassette mit Weihnachtsliedern. Der Opa hatte überhaupt nicht gewußt, daß es so etwas Praktisches wie einen Walkman gab. Schwester Anne zeigte ihm, wie man ihn sich umhängt und die Kopfhörer aufsetzt.

So lag Opa Schmückert an diesem Weihnachtstag mit Kopfhörern auf den Ohren im Bett und hörte Märchen. Er konnte gar nicht genug kriegen. Es waren die Märchen, die er als Kind gehört hatte. Und viele Weihnachtslieder sang er so laut mit, daß er die anderen alten Männer im Zimmer damit ansteckte. So summten und brummten schließlich alle mit.

Die Utta aus der Bahnhofstraße aber fand in ihrem Päckchen den schicken roten Hut, der eigentlich für die vornehme Frau Kuretzki bestimmt war. Und weil Utta sich so gern verkleidete, kam ihr dieser riesige rote Hut gerade recht. Während der Feiertage lief sie nur noch mit dem roten Hut herum und setzte ihn sogar beim Mittagessen nicht ab. Und zu Fastnacht wollte sie ihn ganz bestimmt auch tragen.

Die Frau Kuretzki fand in ihrem Päckchen eine große Tabakpfeife und fünf Päckchen ganz starken Tabak. Die Frau Kuretzki rauchte viele Zigaretten. Als sie die Pfeife aber auspackte, da stampfte sie ganz ärgerlich mit dem Fuß auf.

„Da hat mir einer einen ganz bösen Streich gespielt!" sagte sie wütend. Und sie ärgerte sich so sehr darüber, daß sie die Pfeife in den Mülleimer warf und ihre Zigaretten dazu, denn die wollte sie jetzt auch nicht mehr rauchen.

„Da hat die Pfeife doch etwas Gutes bewirkt!" lachte ihr Mann, der Herr Kuretzki.

Der Knut in der Johannstraße bekam dieses Jahr zu Weihnachten ein Paar Damenschuhe mit hohem Stöckelabsatz. Die Dorothea fand ein paar Boxhandschuhe in ihrem Päckchen. Onkel Heinrich bekam einen Staubsauger. Der gefiel ihm so gut, daß er von diesem Tag an immer seiner Frau, der Tante Adele, beim Staubsaugen half und sogar noch das Straßekehren und Putzen übernahm. Da freute sich die Tante Adele und war nicht böse, daß sie zu Weihnachten drei Kilo Pralinen bekam, obwohl sie eigentlich eine Schlankheitskur machen und abnehmen wollte.

Manch einer hat dieses Jahr heimlich den Kopf geschüttelt, als er sein Weihnachtspaket auspackte. Aber bestimmt nicht Annette, deren Vater seit drei Jahren arbeitslos ist und die ein Paar Ski bekam. Die freute sich ganz doll. Oder die alte Frau Stauder, die mit ihrer kleinen Rente gerade so zurechtkam und nun in ihrem Weihnachtspaket einen neuen, warmen Mantel und einen großen Schinken fand. Das hätte sie sich niemals leisten können.

Manches war seltsam in diesem Jahr. Als der Mattis am ersten Weihnachtstag seine Oma besuchte, stand bei ihr im Wohnzimmer ein Kettcar.

„Du hast mir doch zum Geburtstag ein Kettcar geschenkt!" sagte Mattis. „Und der war erst vorigen Monat. Zwei Kettcars brauche ich nicht!"

„Du kriegst auch etwas ganz anderes!" meinte die Oma und zeigte auf den Tisch. „Es ist dort in dem Paket! Das neue Kettcar hat der Weihnachtsmann mir gebracht!"

„Das ist doch verrückt!" sagt Mattis und faßte sich an den Kopf.

„Habe ich zuerst auch gedacht!" antwortete die Oma und nickte. „Aber dann habe ich es ausprobiert. Noch am Heiligen Abend! Glaub' mir, ich hätte nie gedacht, wie entspannend das ist. Außerdem ist es ein guter Sport für meine alten Beine!"

Sie lachte Mattis zu. „Mach mal Platz, damit ich durch die Tür in den Flur fahren kann!"

Und dann stieg die Oma auf das gelbe Kettcar und fuhr los. Sie drehte drei Runden im Flur und parkte denn neben Mattis, der ihr mit offenem Mund zusah. „Toll bist du!" sagte er schließlich und half seiner Oma, wieder aus dem Kettcar herauszukommen.

„Ja, über den Weihnachtsmann kann man nur staunen!" lachte die Oma und dachte doch tatsächlich daran, daß sie im Frühjahr vielleicht mit Mattis zusammen auf dem Grubenweg, der für Autos gesperrt war, mit dem Kettcar üben wollte.

„Man ist niemals zu alt, um noch etwas Neues zu lernen!" meinte sie. „Das hat sicher auch der Weihnachtsmann gedacht!"

Als Mattis das Paket auspackte, das ihm der Weihnachtsmann zu der Oma gebracht hatte, da fand er darin eine elektrische Kaffeemaschine. Eine Kaffeemaschine für einen Jungen, der noch zum Kindergarten ging? Das war genauso komisch wie ein Kettcar für eine Oma.

„Ja, dann muß ich jetzt wohl Kaffeekochen lernen!" sagte Mattis und sah die Oma an. Da mußten beide lachen.

Rolf Krenzer

Gesprächsimpuls: Hast du auch schon einmal ein Geschenk bekommen, das ganz anders war, als du es dir vorgestellt hast? – Wie hast du dich verhalten? – Warst du überrascht, enttäuscht? – Weitere lustige Beispiele finden: Geschenke, mit denen Mama (Papa, Oma usw.) nichts anfangen könnten. – Kleine Szenen spielen.

Vom Weihnachtsmann

Der Weihnachtsmann, der unseren Kindern heute in ihrer Umwelt begegnet, trägt stark verweltlichte, märchenhafte Züge, die mit dem eigentlichen Sinn des Weihnachtsfestes nichts mehr zu tun haben. Die beiden folgenden Gedichte stellen in kindgemäßer Weise den Weihnachtsmann dar, den Kinder in der Vorweihnachtszeit vor Kaufhäusern, bei Werbeveranstaltungen und in den Medien erleben.

Der Weihnachtsmann unterwegs

Der Schneemann zieht Pantoffeln an,
denn es hat sehr gefroren.
Der liebe, gute Weihnachtsmann
hat kalte rote Ohren.

„Hüh!" ruft er. „Lieber Esel, lauf,
du mußt dich sehr beeilen!
Pakete hab' ich viele drauf
und muß sie schnell verteilen!"

Der Esel sagt: „I-a, i-nee.
Sei du nur still und friedlich!
Ich stapf hier durch den tiefen Schnee,
und du sitzt da gemütlich."

„Wie recht du hast, du gutes Tier,
so geht das schon seit Jahren.
Nur zu, und ich verspreche dir,
zurück werd' ich dich fahren!"

Werner Schrader

Der Weihnachtsmann tritt auf

Hallo, hier kommt der Weihnachtsmann!
Ja, schaut ihn euch nur richtig an!
Ich bin es wirklich, glaubt es mir!
Das seht ihr an dem Mantel hier,
an meiner Mütze und dem Bart
und an den Stiefeln, fest und hart.
Auch meinen Sack vergaß ich nicht.
Ich sag euch nur, der hat Gewicht!

Ach, bin ich froh, bei euch zu sein!
Die Fahrt vom Himmel war nicht fein.
Tempo zweitausend ist kein Spaß,
da fällt manch Tropfen von der Nas',
zumal mein Schlitten, wie ihr wißt,
ein älteres Modell schon ist.
Nix Windschutzscheibe, Klappverdeck,
nein, alles offen bis zum Heck!
Da zieht's so fürchterlich, daß man
sich leicht 'ne Grippe holen kann.
Vergessen hab' ich auch den Schal,
genau wie schon das letztemal.
Silvester liege ich, ich wett',
mit Fieber sicherlich im Bett.
Jaja, ein alter Mann hat's schwer
bei dieser Art von Luftverkehr!

Genug davon, es ist vorbei!
Jetzt geht sie los, die Feierei!
Ich habe etwas mitgebracht,
was euch bestimmt viel Freude macht.
Ein jeder kriegt was, daß ihr's wißt!
Auch wer mal bös' gewesen ist.
Kein Kind kann immer artig sein,
das weiß ich, ich war selbst mal klein.
Nun also macht die Hände auf,
ich leg' euch etwas Schönes drauf.

Werner Schrader

Ein Spiel um den Weihnachtsmann gestalten. – Bilder vom Weihnachtsmann malen. – Andere Arten von „Weihnachtsmännern" kennenlernen (Nikoläuse, Pelzmärtel, Ruprechte usw.): vgl. „Die himmlische Konferenz" in R. Krenzer (Hrsg.) Weihnachten ist nicht mehr weit, Lahn-Verlag, Limburg. – Vom historischen Nikolaus erzählen.

Der Thomastag

Der 21. Dezember ist der Namenstag des einstmals „ungläubigen“ Thomas. Die Geschichte erklärt, warum dieser Tag so viel mit Weihnachten zu tun hat.

Am 21. Dezember, drei Tage vor dem Heiligen Abend, feiern wir den Namenstag des Hl. Thomas, der ein enger Freund von Jesus war.

Als Jesus am Kreuz gestorben war, kehrte er am dritten Tage nach seinem Tode ins Leben zurück. Er besuchte auch alle seine Freunde, um sich ihnen zu zeigen und ihnen zu sagen: „Ich bin wieder am Leben!“ Die Freunde Jesu waren darüber erstaunt und freuten sich sehr.

Leider aber war Thomas nicht dabei. Als ihm die Jünger erzählten: „Du, Thomas, wir haben Jesus gesehen. Er lebt!“, da glaubte er ihnen nicht. Er erklärte: „Das kann nicht wahr sein. Ihr habt euch das nur eingebildet. Wenn ich nicht mit meinen eigenen Augen in den Händen von Jesus die Spuren der Nägel sehe, mit denen er ans Kreuz geschlagen worden ist, dann glaube ich das nicht. Und wenn ich nicht mit meiner eigenen Hand die Wunde in der Brust berühren darf, die ihm ein Soldat am Kreuz mit der Lanze beigebracht hat, dann glaube ich euch auch nicht.

Eine Woche später kam Jesus wieder zu seinen Freunden. Diesmal war Thomas auch da. Da sagte Jesus zu ihm: „Thomas, komm her. Schau dir meine Hände an. Siehst du meine Wunden? Berühre sie ruhig mit deinen Fingern. Und jetzt lege deine Hand hierher auf meine Brust in die Wunde. Ja, trau dich nur!“

Thomas machte, was Jesus ihm gesagt hatte, und ihm blieb vor Staunen der Mund offen stehen. Da sagte Jesus:

„Nun, Thomas, glaubst du jetzt?“

Da rief Thomas: „Herr, jetzt glaube ich!“

Jesus aber lächelte und sprach: „Weil du mich gesehen hast, Thomas, deshalb glaubst du. Selig aber sind die, die nicht sehen und doch glauben.“

Am 21. Dezember eines jeden Jahres ist der Tag am kürzesten und die Nacht am längsten. Von da an werden die Tage wieder langsam länger. Damit kommt wieder mehr Licht, Wärme und Leben in unsere Welt.

Deshalb paßt dieser Tag auch so gut zum Apostel Thomas. Sein Herz war nämlich von allen Aposteln am längsten in der Dunkelheit, weil er daran zweifelte, daß Jesus tatsächlich vom Tode auferstanden war. Erst als Jesus sich ihm zeigte und sich von ihm anfassen ließ, ging ihm endlich ein Licht auf, und er begann zu glauben. Sein Herz wurde von da an heller und heller.

Drei Tage später ist Heiliger Abend. Da erinnern wir uns daran, daß Jesus vor 2000 Jahren zu uns Menschen auf die Welt gekommen ist. Von diesem Tag an nahm das Licht in der Welt wieder zu. Da läßt Jesus uns „ein Licht aufgehen“, und vielen fällt es leichter, wieder an Gott zu glauben. Deshalb ist der Thomastag ein ganz wichtiger und schöner Tag.

Alfons Schweiggert

Nach dem Vorlesen fragen, was diese Geschichte mit Weihnachten zu tun hat? Wie gehören Ostern und Weihnachten zusammen?

Doch ein Weg nach Karttula

Matti spielt den Josef im Krippenspiel in der Kirche. Das heißt, er soll ihn heute im Weihnachtsgottesdienst spielen. Aber nun schneit es so sehr, daß er befürchten muß, nicht in die Kirche zu kommen. Eine Geschichte aus Finnland.

Daß es jetzt mitten im Winter kalt und dunkel war, daß es mittags nur für ganz kurze Zeit hell wurde und daß die ganze Umgebung unter einer dicken Schneeschicht lag, das machte Matti nichts aus. Dafür waren die Sommernächte lang und hell, und es gab unendlich viele Abenteuer zu erleben. Als der Wetterbericht im Fernsehen für Weihnachten erhebliche Schneefälle im Gebiet von Kuopio in Finnland meldete, hoffte Matti sehnlichst, daß die Gegend von Karttula davon verschont bliebe. In der letzten Woche war kein Neuschnee gefallen, so daß der Trampelpfad, den sie sich mühsam durch den Schnee gebahnt hatten, benutzt werden konnte und sie nicht von der Umwelt, ganz besonders aber von der kleinen Stadt Karttula, abgeschnitten waren.

Wenn es heute nicht schneien würde, dann könnten sie am späten Nachmittag alle zusammen zur Kirche gehen, und seine Eltern könnten Matti als Josef in dem Krippenspiel erleben, das sie seit Wochen für diese Weihnachtsfeier geprobt hatten. Es war seine erste Hauptrolle, und Matti war mächtig stolz darauf, den Josef zu spielen. Es durfte einfach heute noch kein Neuschnee fallen. Wenn morgen wieder Schneefall einsetzen würde, dann wollte sich Matti nicht beklagen. Nur heute noch nicht!

Heute mußte er noch zur Weihnachtsfeier in die kleine Holzkirche in Karttula. Wie sollte das Krippenspiel ohne den Josef aufgeführt werden?

Als es mittags zu schneien begann, wollte Matti es nicht wahrhaben.

Und als ein regelrechtes Schneetreiben einsetzte, wurde er immer verzagter.

„Es wird in diesem Jahr nichts mit unserem Gottesdienstbesuch!" sagte die Mutter, als sie vergeblich versucht hatte, mit dem Schneeschieber den kurzen Weg vom Haus zum Saunahäuschen freizuschaufeln. „Soviel Schnee hatten wir schon lange nicht mehr. Und es wird immer mehr!"

Aber Matti ließ sich nicht abbringen. „Ich muß in die Kirche!" sagte er immer wieder. „Sie können doch ohne mich nicht spielen!"

„Was nicht geht, geht eben nicht!" antwortete seine Mutter und seufzte. „Es werden bestimmt viele nicht kommen können!"

Auch Mattis Vater schüttelte den Kopf. Für die Leute in Karttula war es vielleicht noch möglich, gegen den Schnee anzukommen. Aber hier draußen, weitab von der Landstraße, gab es kaum eine Chance. In diesem Schneetreiben würden sie auch keinen Schneepflug einsetzen. Sie würden bis morgen warten. Immer wieder lief Matti zur Tür. Manchmal meinte er, daß das Schneetreiben etwas nachgelassen hätte. Aber dann ging es gleich wieder von neuem los. „Wenn wir jetzt unseren Traktor hätten", sagte er. Jedoch er wußte genau, daß der Traktor seit Anfang der Woche in Karttula in der Werkstatt stand. Pekka Pietinen hatte versprochen, ihn bis Neujahr zu reparieren. „Wir feiern halt Weihnachten zu Hause!" sagte Mattis Mutter und legte den Arm um ihn. „Das wird bestimmt auch schön!"

Matti dachte für einen Augenblick an die verschnürten Päckchen, die schon seit Weihnachten in der Truhe im Schlafzimmer seiner Eltern lagen. Er dachte auch an die Geschenke, die er für die Eltern und für Marja, seine kleine Schwester, gebastelt hatte. Aber dann verdrängte er die Gedanken daran. Das Spiel in der Kirche war viel, viel wichtiger. Wie hatte er um die Rolle des Josef gekämpft! Im letzten Jahr hatte er nur ein Schaf spielen dürfen, das mit den Hirten zur Krippe zog. Und diesmal hatte er eine Hauptrolle bekommen. Zusammen mit Maria sollte er von einer Ravintola zur nächsten ziehen, um eine Unterkunft für die Nacht zu finden. Schließlich würden sie zu dem Stall gelangen, in dem dann das Kind Gottes geboren würde. Mattis Vater hatte eigens für dieses Spiel eine ganz neue Krippe gezimmert, weil Matti ihn so darum gebeten hatte. Und jetzt war alles vergebens. Das Spiel würde ausfallen, weil der Josef nicht durch den Schnee zur Kirche kommen könnte.

Matti war es zum Heulen zumute. Da half es nichts, daß er immer wieder nach draußen lief und verkündete, daß es bald zu schneien aufhöre. Es schneite weiter, und es war kein Ende abzusehen.

„Selbst wenn es jetzt aufhört, kommen wir nicht nach Karttula!" sagte sein Vater. „Wenn wir unseren Traktor hier hätten, dann vielleicht. Aber so nicht!“

Matti kämpfte gegen seine Tränen an, konnte sie aber nicht zurückhalten. Da nutzte es auch nichts, daß ihm seine Mutter einen Teller mit seinen Lieblingsplätzchen hinstellte.

„Ist doch nicht so schlimm!“ sagte Marja und versuchte ihn zu trösten. Was wußte Marja schon! Sie war noch klein, und Weihnachten zu Hause war für sie viel wichtiger als der Gottesdienst in der Kirche. Schließlich mußte sie ja auch nicht heute abend den Josef im Krippenspiel darstellen.

Gegen fünf Uhr ließ das Schneetreiben nach. Aber Mattis Vater schüttelte den Kopf. „Nein, wir können es nicht wagen, um sechs Uhr zum Gottesdienst zu gehen.“ Schließlich waren es bis Karttula über fünf Kilometer. Und Marja war so klein, daß sie mit den Skiern erhebliche Schwierigkeiten hätte.

„Und wenn wir allein nach Karttula gingen?“ Matti blickte seinen Vater hoffnungsvoll an. Doch der schüttelte nur den Kopf. Nein, ohne Mutter und Marja ging Vater nicht. Das wußte Matti genau.

Als das Telefon klingelte, meldete sich Tapio Halonen, der Pfarrer. Er fragte nach, ob sie den Weg durch den Schnee nach Karttula schaffen würden. Mit den anderen hatte er bereits gesprochen. Sie würden alle kommen. Aber Matti wohnte so weit weg, daß auch der Pfarrer befürchtete, daß er es vielleicht nicht schaffen könnte.

„Nehmen sie Ihren Traktor?“ fragte er den Vater.

„Unser Traktor steht bei Pekka Pietinen zur Reparatur!“

Der Vater sprach lange mit dem Pfarrer. Er bedauerte es sehr, daß unter diesen Umständen Matti nicht mitspielen könnte. Und Matti hörte aus des Vaters Stimme, wie leid es ihm tat.

„Ja, da müßte das Krippenspiel heute abend ausfallen!“ sagte er schließlich. Darauf hörte er dem Pfarrer zu und nickte ein paarmal. Als er den Hörer aufgelegt hatte, wandte er sich an Matti: „Der Pfarrer will das Spiel unbedingt im Gottesdienst spielen lassen. Die anderen Kinder kommen alle. Aber ohne Josef geht es nicht!“

Matti nickte. Wieder mußte er gegen die Tränen ankämpfen.

„Ich will dir nicht zu viel versprechen!“ meinte der Vater dann. „Aber vielleicht kommen wir doch noch nach Karttula. Der Pfarrer will Hannu Meri anrufen. Er hat einen großen Traktor, der es bis zu uns schaffen könnte. Vielleicht ist er bereit, uns abzuholen und nachher wieder nach Hause zu bringen!“

„Vielleicht!“ fügte er hinzu, als er bemerkte, daß Matti sofort vor Begeisterung aufspringen wollte. „Wir müssen abwarten!“

Jedenfalls holte die Mutter gleich für alle die dicken Sachen herbei und legte sie auf der Bank bereit.

Wenig später rief der Pfarrer erneut an und versicherte, daß Hannu Meri versuchen würde, mit dem Traktor zu ihnen zu kommen.

Da hielt es Matti nicht länger im Haus. Er zog sich warm an und wartete vor der Tür auf den Traktor. Es hatte aufgehört zu schneien. „Mehr als einen Meter Neuschnee?“ fragte er, als sein Vater zu ihm heraustrat.

„Könnte sein!“ meinte der Vater. „Wollen wir hoffen, daß Hannu Meri es bis zu uns schafft!“ Er schaltete die große Lampe an, die über der Haustür hing. „Hoffen wir, daß er uns findet!“

Am Himmel waren die dicken Schneewolken weitergezogen, so daß jetzt das helle Licht des Mondes den frisch gefallenen Schnee zum Glitzern brachte.

Immer wieder blickte Matti auf seine Uhr. Es waren nur noch zwanzig Minuten bis sechs Uhr.

„Ohne dich fangen sie nicht an!“ meinte sein Vater, um ihn zu beruhigen. Dann hörten sie plötzlich Motorengeräusche. Hannu Meri war auf dem Weg zu ihnen. Mit seinem großen Traktor hatte er es geschafft. Da war der Schnee kein Hindernis. Als aber dann die Umrisse des Gefährts in der Dunkelheit immer deutlicher zu erkennen waren, da staunte Matti. Hannu Meri war nicht mit dem Traktor zu ihnen herausgekommen. Es war der Schneepflug, der sich seinen Weg zu ihnen bahnte.

„Mit dem Traktor hätte ich es nicht geschafft!“ lachte Hannu, als er vor ihnen anhielt. „Das war mir zu riskant!“

Nun kamen auch Mutter und Marja aus dem Haus gelaufen, und alle versuchten, auf den engen Sitzen Platz zu finden. Ganz nahe drückten sie sich aneinander.

„So friert keiner von uns!“ sagte Marja und fühlte sich zwischen ihren Eltern sichtlich wohl.

„Mit dem Schneepflug zur Kirche!“ lachte Mattis Mutter. „Das hättest du dir auch nicht träumen lassen!“

Matti nickte. Sprechen konnte er nicht. Es war einfach alles zu schön. Alle Hindernisse waren zur Seite geräumt. Sie werden mit dem Spiel in der Kirche warten, bis er da ist. Alles war wieder gut. Eines wußte er genau: Diesen Weihnachtsabend würde er nie vergessen. Nie im Leben!

Rolf Krenzer

An was wird sich Matti immer erinnern: An die Weihnachtsgeschenke oder an diesen ganz besonderen Heiligen Abend? – Wiederholen der Geschichte unter dem Aspekt: Wie einer dem anderen helfen kann.

Krippenspiel

Niemand will eigentlich mit Angelika etwas zu tun haben. Aber im Krippenspiel spielt sie die Maria. Da wird allen während des Spiels deutlich, daß Angelika zu ihnen gehört und daß sie sie eigentlich alle gern haben.

Alle Kinder sind aufgeregt. Im Kindergarten gibt es nämlich eine Weihnachtsfeier. Und da soll sogar ein Krippenspiel aufgeführt werden. Ein richtiges Krippenspiel, denkt euch: mit Maria und Josef und einem Engel, der den Stern trägt. Und natürlich einer Babypuppe in einer Holzwiege mit Stroh.

Der Thomas darf den Josef spielen. Er ist stolz darauf!

Und die Maria – ja, das ist es nun eben: die Maria soll die Angelika spielen. Ausgerechnet die Angelika! Wo doch keiner die Angelika richtig leiden kann! Die macht beim Spielen immer falsche Sachen, und wenn sie neben einem sitzt, stinkt sie, und sprechen kann sie auch nicht richtig.

Zuerst hat der Thomas sich fürchterlich angestellt. „Mit der Angelika spiele ich nicht! Die soll nicht die Maria sein!"

„Gut", hat die Schwester Helga gesagt, „dann spielt eben Peter den Josef."

Aber das wollte der Thomas dann doch nicht. Also hat er sich fest vorgenommen, die Maria-Angelika überhaupt nicht anzuschauen. Damit er sich doch nicht ärgern muß auf der Weihnachtsfeier.

Jetzt stehen sie links und rechts von der Wiege. Die Angelika mit dem großen blauen Umhang hat die Hände gefaltet und sieht auf das Baby. Der Thomas im braunen Lodencape von seinem Vater stützt sich auf seinen langen Stock und guckt ganz angestrengt in die Wiege, immerzu nur in die Wiege. Hinter der Wiege steht der Christian, eingewickelt in ein großes weißes Badetuch. Er ist der Engel und trägt den Stern von Betlehem.

Die Schwester Helga beginnt vorzulesen. Die Geschichte von Maria und Josef und dem Christkind, die ihr ja alle kennt. Jetzt sagt sie: „Der Engel sprach: Gegrüßet seist du, Maria!" Da geht der Engel, also der Christian, nach rechts und hält den Stern genau über Maria. Der Josef riskiert ein Auge – nur ein ganz kleines – er will ja eigentlich die Maria gar nicht sehen. Aber dann – ja dann muß er doch gleich mit beiden Augen hingucken. Ganz groß muß er gucken! Wie schön das aussieht! Die Maria! Das ist nicht mehr die blöde Angelika, die ist ganz verzaubert. Ob das der Stern gemacht hat?

Da nimmt Josef das Christkind aus der Wiege und legt es der Maria in die Arme. Ganz behutsam macht er das. Und dabei streichelt er sie ein bißchen am Arm, nur so ganz leise.

Die Schwester Helga liest:

„Da sangen alle Engel: FRIEDE AUF ERDEN!"

Edith Ruppmann

Wir können darüber sprechen, warum wir alle so gern beim Krippenspiel mitspielen. Welche Rolle möchte ich am liebsten spielen? Warum nicht jeder den Josef oder die Maria spielen kann. Zurücktreten, dem anderen eine Chance, eine Möglichkeit geben, Bescheidenheit auch mit kleineren Rollen. – Einen weiteren Aspekt findet man in dem Text „Krippenspiel" in R. Krenzer „Weihnachten im Kindergarten", Edition Kemper im Verlag Ernst Kaufmann, Lahr, S. 55.

Weihnachten heute

Dort draußen: nichts als Finsternis.
Hier drin ist Licht.
Das ist gewiß.

Es stürmt ums Haus: so laut – so nah!
Ich fürcht' mich nicht.
Ihr seid ja da.

Vom Türspalt weht ein kalter Hauch.
Ich hab' euch lieb.
Habt ihr mich auch?

Gudrun Pausewang

Mit verschiedenen Klangelementen gestalten, z.B. mit Musikbausteinen oder mit Orff-Instrumenten. – Darüber sprechen, ob und wie wir spüren, daß uns unsere Eltern lieb haben. – Wie ist es im Kindergarten, bei den Großeltern? – Das schönste Weihnachtsgeschenk: Ihr seid ja da! – Wir schneiden aus schwarzem Karton ein Haus aus. Wenn wir die Fenster und die Tür ausschneiden und mit farbigem Transparentpapier hinterkleben, kann jeder sehen, wie warm es in dem dunklen Haus ist und wie sehr wir uns darin geborgen fühlen. Wir können alle Häuser an die Fensterscheibe stellen, so daß ein großes Transparentschild mit vielen Häusern entsteht. Über den Häusern hängen wir noch den Weihnachtsstern auf – ebenfalls aus farbigem Transparentpapier.

Waldweihnacht

Der Brauch, Weihnachten im Wald zu feiern, wird hier mit der Familie ausprobiert. Eine besondere Form, den Geburtstag Jesu zu feiern, die auch die Kinder stark anspricht.

Das Essen steht schon auf dem Tisch. Nudeln gibt es heute. Die mag der Frieder doch am liebsten. Warum kommt er denn nicht? Wo steckt er überhaupt? Eben war er noch da. Papa wird ungeduldig.

„Wir fangen an zu essen, auch ohne Frieder. Kalte Nudeln schmekken nicht."

Alle setzen sich, nur Frieders Stuhl bleibt leer.

Da, auf der Treppe geht jemand. Etwas fällt, es klirrt wie Scherben. Und Frieder heult laut. Sie springen auf und eilen hinaus: Mama, Papa, Helen und Marie.

„Ach Frieder, was willst du denn mit unserem Gartenzwerg, mitten im Winter?" schreit Helen. Und Marie sagt traurig: „Puck ist zerbrochen. Den darf man nicht die Treppe hinunterfallen lassen."

„Ich sollte ihn aus dem Keller holen", schluchzt Frieder. „Im Kindergarten haben wir in einem Bilderbuch gesehen, daß die Zwerge im Winter tief in der Erde schlafen. Nie können sie Weihnachten feiern. Und Puck haben wir auch immer im dunklen Keller gelassen, den ganzen Winter hindurch. Darum wollte ich ihn holen."

Mama sucht die Stücke auf der Treppe zusammen.

„Vielleicht kann man ihn flicken, unsern guten Puck", sagt sie. Papa schüttelt den Kopf.

„Kommt", sagt er, „kalte Nudeln schmecken nicht."

Alle setzen sich wieder, und auch Frieder bekommt warme Nudeln.

„Wie ist das jetzt mit den Zwergen an Weihnachten", fragt Mama. „Erzähl langsam und ohne Schluchzen, damit wir es richtig verstehen können."

„Im Winter müssen die Zwerge in den warmen Erdenstübchen bleiben", erzählt Frieder, „damit ihnen die Eisriesen nichts tun. Die wollen, daß die Zwerge erfrieren. In den Erdenstübchen verschlafen sie Weihnachten. Und nie erleben sie, wie schön das ist."

„Es gibt auch Tiere, die Weihnachten verschlafen, Murmeltiere und Schildkröten", meint Marie.

„Aber von den Zwergen weiß ich es anders", sagt Helen. „Die dürfen in der Weihnachtsnacht ein wenig herausgucken aus der Erde. Dann sind die Eisriesen nicht ganz so böse wie sonst."

Und sie erzählt von einem Jungen in ihrer Klasse, der ist mit seinen

Eltern aus einem anderen Land gekommen – aus Schweden. Dort steht der Christbaum immer mitten in der Stube, damit nachts die Zwerge darum herumtanzen können.

Papa hat seine Nudeln fertig gegessen. Jetzt schaut er sich den zerbrochenen Puck an.

„Den müßte ich doch zusammenkleben können", sagt er. „Und ich male ihn frisch an. Dann sieht er hübsch aus, wenn er doch mit uns Weihnachten feiern soll."

Frieder möchte wissen, was die Zwerge denn von Weihnachten sehen, wenn sie ein wenig aus der Erde herausgucken dürfen.

„Es gibt Menschen, die Waldweihnachten feiern", sagt Mama. „Als Kind habe ich das oft miterlebt. Ganz still sind wir gewesen im Wald, haben gesungen und die Weihnachtsgeschichte erzählt und uns an den Kerzen gefreut."

„So wollen wir auch Weihnachten feiern!" betteln die drei Kinder. „Dürfen wir?"

„Ein stiller Heiliger Abend im Wald!" sagt Papa. „Ganz ohne Geschenke! Und wir denken nur an den Geburtstag des Jesuskindes. Die Päckchen werden erst am andern Tag aufgemacht. Die können wir nicht mitnehmen in den Wald. Wollt ihr das?"

Ja, das wollen sie. Die ganze Familie freut sich darauf.

Am Heiligen Abend gehen Mama, Helen, Marie und Frieder in den Wald. Papa ist schon vorausgegangen.

„Werden wir ihn finden?" fragen die Kinder ängstlich.

„Sicher", sagt Mama. „Schaut doch hier!"

Da steht im Schnee ein rotbackiger Apfel. Eine Kerze leuchtet darin. Und solche Äpfel sind überall am Weg wie kleine Laternen. Papa hat sie aufgestellt, damit Mama und die Kinder den kleinen Christbaum finden. Der steht geschmückt mitten im Wald. Seine Kerzen strahlen hell. Unter dem Bäumchen steht die Krippe mit dem Jesuskind. Josef und Maria sind bei ihm. Auch Puck ist da, frisch angemalt. Er schaut hinter einem Stein hervor.

„Wie ein richtiger Zwerg sieht er aus", flüstern die Kinder.

Mama erzählt die Weihnachtsgeschichte, und dann singen sie Weihnachtslieder und sagen Gedichte auf. Weil die Finger kalt und steif werden, können sie nicht lange auf der Flöte spielen.

„Aber schön ist es doch", sagen alle, „so schön wie noch nie. Wir denken nicht an Geschenke, wir bewundern lange, lange den Christbaum und feiern ganz richtig den Geburtstag des Jesuskindes."

Ursula Burkhard

Eine Waldweihnacht oder einen Adventssonntag im Wald mit den Eltern und Kindern feiern. Vielfach wird auch die Waldweihnacht mit der ganzen Gemeinde gefeiert, oft auch mit Behinderten. Hier bestehen Möglichkeiten, sich mit den Kindergarteneltern und ihren Kindern anzuschließen. Man sollte den Gemeindepfarrer ansprechen. – Über eine Waldweihnacht wird auch auf der Treffpunkt-Cassette „Das Weihnachtslicht“, Studio Union im Lahn-Verlag berichtet. – Weihnachtsbräuche in anderen Ländern, hier am Beispiel Schweden. – Bilderbuch: Tomte Tummetott von Astrid Lindgren im Oetinger Verlag, Hamburg.

Zweimal Weihnachten

In Südeuropa wird Weihnachten am 6. Januar gefeiert. Auch die Weihnachtsbräuche sind dort anders als bei uns.

„Wir haben zweimal Weihnachten gefeiert!“ ruft Niko ganz laut, als er in der zweiten Januarwoche wieder in den Kindergarten kommt.

„Wir auch!“ lacht Claudia. „Einmal am Heiligen Abend. Und dann noch einmal, als wir am ersten Weihnachtstag alle zu Oma und Opa nach Freiburg gefahren sind!“

„Wir haben doch nicht an Weihnachten zweimal Weihnachten gefeiert!“ schreit Niko. „Nein jetzt erst. Vorvorvorgestern!“

Aber das glaubt dem Niko keiner.

Nur Frau Tischler schmunzelt. Sie weiß, daß Niko mit seinen Eltern in Gran Canaria im Urlaub war. Deshalb war er letzte Woche auch noch nicht im Kindergarten.

„Das mit dem zweimal Weihnachten feiern, das mußt du uns erzählen!“ sagt sie deshalb zu Niko. Und als alle im Kreis sitzen, darf sich Niko sogar neben Frau Tischler setzen.

„Niko war mit seinen Eltern auf einer spanischen Insel!“ sagt Frau Tischler. „Da ist es jetzt richtig warm. So wie bei uns im Sommer. Stimmt's Niko?“ Sie blickt Niko lächelnd an. Und Niko nickt.

„Wir waren jeden Tag baden!“ sagt er.

„Und dort habt ihr auch Weihnachten gefeiert!“

„Ganz genau!“ Niko strahlt. „Zuerst am Heiligen Abend bei uns zu Hause. Dann sind wir nach Weihnachten mit dem Flugzeug nach Gran Canaria geflogen. Und da haben wir jetzt nochmal Weihnachten gefeiert!“

„In den südlichen Ländern Europas feiern die Leute Weihnachten am 6. Januar!“ sagt Frau Tischler. Sie nickt Niko zu: „Und das war genau vorvorvorgestern!“

„Am 6. Januar ist Dreikönigstag!" Ulla stampft ein bißchen mit dem Fuß auf. Sie ärgert sich, daß man solchen Unsinn erzählen kann. Schließlich haben sie alle den Dreikönigstag hier im Kindergarten gefeiert. Ulla selbst ist einer der drei Könige gewesen, die hinter dem Stern hergezogen sind. Sie hat den Balthasar gespielt.

„Ja, das ist bei uns so!" antwortet Frau Tischler und nickt. „Aber ganz früher, da haben alle Christen Weihnachten am 6. Dezember gefeiert. Bei uns und in Schweden und in Norwegen, in Frankreich und England feierten früher die Leute die Wintersonnenwende. Sie freuten sich, daß nach der längsten Winternacht endlich die Sonne wieder länger scheinen würde. So wurde dieser Tag später mit Weihnachten zusammengelegt."

„Ehrlich wahr?" fragt Steffen.

„Ehrlich! Deshalb feiern wir am 25. und 26. Dezember Weihnachten!"

„Und am 24. Dezember ist Heiliger Abend!" fügt Cornelia hinzu.

„Ja, und am 6. Januar feiern die Leute in Spanien Weihnachten. Und Gran Canaria gehört zu Spanien."

Sie lächelt Niko wieder zu. „Deshalb hat Niko dort eben noch einmal Weihnachten gefeiert!"

Jetzt wollen die Kinder natürlich wissen, ob es da auch Weihnachtsmänner und Weihnachtsbäume gibt.

Da erzählt Niko, was er an diesem Tag erlebt hat:

„Zuerst fuhr ein großer Lastwagen durch die Straße. Er war mit braunen und grünen Tüchern ganz zugehangen. Nur auf der Fahrerseite war noch das Glas zu sehen. Sonst hätte der Fahrer ja nichts sehen können. Auf dem Lastwagen stand ein riesengroßer Stern. Hinter dem Lastwagen fuhren drei Jeeps. Und in jedem Jeep saß ein König. Jeder König hatte eine goldene Krone auf dem Kopf. Und wunderschöne Mäntel hatten sie auch an. Es waren eben richtige Könige!"

Mit offenem Mund hat Marion zugehört. „Richtige Könige?" fragt sie jetzt und kann es nicht fassen.

„Nein!" Niko winkt mit der Hand ab. „Natürlich waren es Männer, die sich nur als Könige verkleidet hatten. Aber hinter ihnen liefen viele Kinder und Erwachsene her. Die hatten sich alle verkleidet. Sie sahen wie Leute aus, die früher gelebt haben. Es waren römische Soldaten. Und viele Musikgruppen waren auch da. Es waren viele, viele Leute auf der Straße. Erwachsene und Kinder. Und viele von ihnen waren verkleidet. Die Könige warfen nach allen Seiten Bonbons. So viele, daß jeder was kriegte. Ich hatte nachher beide Hosentaschen voll!"

„Ja, das ist ganz anders als bei uns!" sagt Frau Tischler nach einer Weile.

„Aber auch schön!“ meint Timo nachdenklich.

„Als wir wieder in unserem Hotelzimmer waren, stand für mich noch ein Weihnachtspäckchen auf dem Tisch!“ sagt Niko jetzt und strahlt. „Ein Feuerwehrauto, wie ich es mir immer schon gewünscht hatte.“ Und Niko zeigt allen das rote Auto, das er extra heute mitgebracht hat.

Ob sie ihm wirklich alles glauben, was er erzählt hat? Er blickt sich in der Runde um. „Mein Papa hat auch Fotos gemacht!“ sagt er dann.

„Auch von dem Stern auf dem Lastwagen und von den drei Königen in ihren Jeeps?“

„Ganz bestimmt!“ Niko nickt ein paarmal mit dem Kopf.

„Wenn die Bilder entwickelt sind, bringst du sie uns einmal mit!“ sagt Frau Tischler. Und Niko strahlt sie an. Natürlich wird er die Bilder mitbringen. Und dann können es hier alle selber sehen! Der Timo und die Ulla, die Claudia und der Steffen. Eben alle!

Rolf Krenzer

Erfahren, wie man in anderen Ländern Weihnachten feiert. – Geschichten von den drei Sterndeutern kennenlernen – Sternsingerlieder singen und spielen.

Er ist es

Den Bruder, der uns braucht, um leben zu können, finden wir überall dort, wo wir mit dem Herzen suchen.

„Komm!“ sagt der Engel und nimmt deine Hand
und trägt dich in ein Heiliges Land
zu einem Zelt im Wüstenwind,
zu einer Mutter mit ihrem Kind.

Schwarz sind sie. Mager. In Lumpen. Und stumm.
„Laß los!“ sagt der Engel. „Und sieh dich um!“
Im Sand liegt eine verhungerte Kuh.
„Laß los!“ mahnt der Engel. „Was zögerst du?“

Das Kind saugt an der Brust der Frau,
doch es kommt keine Milch. Du siehst es genau.
Das Kleine schreit nicht. Es ist zu schwach.
Doch es schaut dich an. Seine Augen sind wach.

Du siehst alles Elend der Welt darin.
„Laß los!" sagt der Engel. „Er ist es. Geh hin."

Gudrun Pausewang

Darüber sprechen, was diese Geschichte mit unserer schönen Weihnachtskrippe und mit den vielen schönen Geschichten zu tun hat, die wir zu Weihnachten hören. Ein Gedicht, das ganz deutlich aufzeigt, wo wir jetzt wirklich Jesus finden können. Heute, nicht vor fast 2000 Jahren und mehr.

Wer lebt am längsten

„Wer lebt am längsten?" ist eines der vielen Spiele, die an den langen Abenden zwischen den Jahren gespielt wurden und sich bis heute erhalten haben. Am Silvesterabend werden „Lebenskerzen" angezündet. Jeder wünscht sich, daß seine Kerze am allerlängsten brennt.

Gerade am Ende eines Jahres wird uns immer wieder deutlich, daß wir ein weiteres Stück unseres Lebensweges gegangen sind. Jeder von uns ist älter geworden. Älter werden aber heißt auch, näher am Tod sein. Viele Silvesterbräuche befassen sich mit dem, was man sich von dem nächsten Jahr wünscht. So wird Blei gegossen und daraus die Zukunft gedeutet. Es ist schon bemerkenswert, daß sich jeder dabei bemüht, nur das Beste für sich herauszulesen. Der hier geschilderte überlieferte Brauch geht tiefer, weil er das Leben direkt betrifft, die Angst vor dem Tod. Und ausgerechnet die Lebenskerze des ältesten Menschen in der Geschichte brennt am allerlängsten. Jeder weiß, daß die Tage des alten Menschen gezählt sind. Aber die Oma ist es auch, die dann sagt, daß das Leben ohne die, die man lieb hat, keine Freude mehr macht.

Eine Geschichte, die zum Nachdenken über Leben und Tod anregt, die vielleicht bestürzt, aber ebenso sehr auch Trost und Hoffnung gibt, weil verdeutlicht wird, daß unser Leben von Gott bestimmt wird, nicht aber von willkürlichen Deutungen und spielerischen Silvesterbräuchen, die im Bereich des Aberglaubens angesiedelt sind.

Wer diesen Text liest oder erzählt, sollte sich in jedem Fall darum bemühen, mit den Kindern ähnliche Dinge, die stark in den Bereich des Aberglaubens gehen, zu hinterfragen, z.B. den Schornsteinfeger, der angeblich Glück bringt, oder die schwarze Katze, die Unheil verkündet usw.

Am Silvesterabend setzen wir uns alle um den Weihnachtsbaum und zünden eine Kerze an. Sie haben schon an mehreren Abenden gebrannt. Nun sind sie verschieden lang.

Jeder von uns sucht sich eine Kerze aus, eine möglichst lange. Auch für Bello wird eine Kerze bestimmt. Dann singen oder flöten wir Weihnachtslieder, und Mutti liest eine lange Geschichte vor. Dazwischen knabbern wir Gebäck und Süßigkeiten. Aber niemand läßt dabei „seine" Kerze aus den Augen. Denn ihre Flamme zeigt uns an diesem Abend, wie lange wir leben werden. Jeder will natürlich am längsten leben!

Langsam brennen die Kerzen herunter, werden kürzer und kürzer. Vatis Flamme fängt an zu flackern. Alle rufen mitleidig „oh" und „ah" und „armer Vati", und Julia will ihm ihre Kerze geben. Aber Vati sagt: „Nein, nein, behalte sie nur, mein Liebes, du sollst ja länger leben als ich."

Und schon wird seine Flamme blau und geht aus. Aber es ist ja alles nur Spaß. Deshalb lacht er.

Als nächster kommt Olaf dran. Er ist empört: Seine Kerze war die längste gewesen. Die Flamme ist nur noch ein winziger Punkt, obwohl die Kerze noch gar nicht ganz heruntergebrannt ist. Olaf beugt sich über das kranke Flämmchen und will es behutsam wieder anblasen. Aber er hat wohl doch zu stark gepustet, und schon ist es aus. Nun sitzt er da wie ein begossener Pudel, und alle trösten ihn lachend.

Julia zeigt auf Omas Kerze. Ihr Docht schwimmt in geschmolzenem Wachs. Jeden Augenblick kann ihre Flamme ausgehen. Sie ist nur noch ein bläuliches Pünktchen. Aber während alle auf Omas Kerze starren, geht Muttis Licht aus. Kein Wunder: Sie war mit der kürzesten Kerze zufrieden gewesen.

„Nicht traurig sein, Mutti", sagt Julia, „vielleicht stimmt's ja gar nicht."

„Ganz bestimmt nicht", meint Oma, deren blauer Punkt noch immer leuchtet.

Und nun ist Julia selber dran: Ihre Flamme flackert hin und her, als ob sie sich gegen das Verlöschen wehren wollte. Alle schauen gespannt zu. Wachs tropft. Die Flamme wird noch einmal ganz groß, dann erlischt sie. Julia muß weinen und klettert auf Muttis Schoß.

„Vor einem Jahr hat deine Kerze am allerlängsten gebrannt", sagt Mutti. „Erinnerst du dich nicht mehr?"

Jetzt schimmern nur noch Omas und Bellos Lichter. Bellos Flamme ist noch ganz groß und hell. Dagegen glüht Omas winziger blauer Punkt nur noch schwach.

„Schau, Bello, das ist dein Leben", sagt Olaf und zeigt dem Hund seine Kerze. Der bellt die Flamme an. Da geht sie aus. Erstaunt schaut er sich um und spitzt die Ohren. Er begreift nicht, warum wir so lachen.

„Jetzt brennst nur noch du, Oma", sagt Olaf. „Du überlebst uns alle!"

„Dazu habe ich aber gar keine Lust", meint Oma, „so allein zu sein. Ohne euch macht mir das Leben nicht den geringsten Spaß."

„Dann stirb halt mit uns zusammen“, sagt Julia und tätschelt Omas Hand.

Gerade, als niemand hinguckt, geht Omas Licht aus. Und nun sitzen alle im Dunkeln. Nur die Sterne funkeln durchs Fenster herein. Und es riecht nach verbrannten Fichtennadeln.

„Gott sei Dank“, sagt Mutti, „daß das nur ein Spiel ist.“

Und Vati geht zum Lichtschalter.

Gudrun Pausewang.

Wir berichten von Silvesterbräuchen bei uns zu Hause. – Jeder will in die Zukunft sehen. Deshalb wird in manchen Familien Blei gegossen und dann gedeutet, was daraus entstanden ist. Ähnlich hier mit den Kerzen. Es macht auch deutlich, daß wir am Ende eines Jahres Ungewißheit spüren vor dem nächsten. Was wird es uns bringen? Sterben will keiner. Und doch gibt es viele solcher Spiele. – Das Licht läßt uns leben. – Vorschlag: Auf stabile Holzbrettchen setzen wir kleine Teeleuchten und lasen sie auf einem kleinen Teich, in einer Wanne oder in einer Schüssel schwimmen. Wir freuen uns an dem Licht. In einer kleinen Gruppe darf jeder sein Licht auf das Wasser setzen und schwimmen lassen.

Der Abreißkalender

Oft werden zu Weihnachten Kalender verschenkt. Der Kalender dieses Jahres ist in der Adventszeit schon ganz dünn geworden. Und bald gibt es einen neuen. Er macht deutlich, daß die Zeit nicht stehenbleibt, daß wir von Tag zu Tag älter werden.

Am ersten Tag ist er dick,
der Abreißkalender,
und prall und voll.

»Bin ich nicht schick,
bin ich nicht toll
mit dreihundertfünfundsechzig Blättern
in schwarzen und roten Lettern
und gewaltigen Zahlen?«
beginnt er zu prahlen.

»Täglich fragen mich die Leute
Den wievielten haben wir heute?

Ist heute Montag?
Ist Donnerstag?
Ist Mai oder Juni?
Ist Feiertag?

Ja, wenn sie mich nicht hätten,
den dicken, den netten,
den Abreißkalender,
dann
wären sie übel dran!«

Aber irgendwann
im Jahr wird er traurig
und klagt:
»Man reißt mir die Blätter vom Leibe!
Ich bleibe
nicht dick,
nicht schick!
Man sieht's
auf den ersten Blick!«

Laß ihn nur klagen,
laß ihn nur fragen.
Ob er will oder nicht,
die Tage vergehn,
denn die Zeit
bleibt seinetwegen
und meinetwegen
und deinetwegen
nicht stehn.

Ortfried Pörsel

Verschiedene Kalender miteinander vergleichen. Einen Kalender als Geschenk für das neue Jahr zu Weihnachten basteln. – Kalender mit Adventskalender vergleichen.

Drei kleine Könige

Martin darf am Dreikönigstag einer der drei Könige, nämlich der Mohr, sein. Sie ziehen von Haus zu Haus und bitten um kleine Gaben.

Heute ist Dreikönigstag. Mutter hat auf dem Kalender unter der Zahl 6 im Januar einen dicken roten Strich gezogen. Immer, wenn Martin an dem Kalender vorbeigekommen ist, hat er aufgeregt auf die unterstrichene Zahl geschaut und die Tage bis zum Dreikönigstag gezählt. Einmal hat er sich verrechnet und ist mit seinem Sack auf dem Rücken losmarschiert, bevor es soweit war, aber Mutter konnte ihn noch rechtzeitig zurückholen.

Draußen wird es schon dunkel. Die kugeligen Köpfe der Straßenlampen leuchten ganz hell auf den Schnee vor dem Fenster. Ab und zu taumelt ein Flockenkind an der Scheibe vorüber.

„Martin, komm', es ist Zeit!" ruft Mutter aus dem Flur. Dort liegt ein brauner Sack mit einem großen Flicken. Daneben hängt eine goldene Krone mit vielen Zacken. In der Hand hält die Mutter einen Flaschenkorken, den hat sie mit Kerzenruß schwarz gefärbt.

Martin hat seine dicken Wintersachen angezogen. Jetzt stellt er sich vor den Spiegel und malt sich mit dem Korken das ganze Gesicht dunkel an. Wie ein Mohr sieht er aus. Er setzt sich die goldene Krone auf, nimmt den Sack in die eine und den Königsstab in die andere Hand, und der Mohrenkönig ist fertig. Die Zacken der Krone funkeln im Licht.

Mutter öffnet dem Mohrenkönig die Haustür. Draußen warten schon die zwei anderen Könige. Es sind Martins Freunde Rolf und Christian. Langsam stapfen sie durch den hohen Schnee davon.

Bald kommen sie zum Lebensmittelhändler Florian. Quietschend öffnet sich die Tür. Herr Florian steht in einem weißen Kittel neben einem großen Regal mit vielen Dosen. Martin sagt seinen Dreikönigsspruch:

„Ich bin ein kleiner König.
Gebt mir nicht so wenig!
Laßt mich nicht so lange stehn,
Denn ich muß noch weitergehn!"

Fast hätte er sich versprochen. Doch es ist noch mal gut gegangen.

„Bravo!" ruft schmunzelnd Herr Florian. Dann sagen Martins Freunde ihren Spruch auf. Rolf rollt dabei so wild mit seinen Augen, daß sie beinahe gelacht hätten! Nun sind sie endlich fertig. Herr Florian geht zur Wurstschneidemaschine und schneidet jedem ein fingerdickes Stück Wurst ab. Einer nach dem anderen öffnet seinen verschnürten Sack, und die duftende Wurst purzelt hinein.

„Eßt die Wurst lieber gleich auf", ruft Herr Florian, „sonst rutscht sie noch zwischen Bananen und Dauerlutscher!"

„Erst müssen wir alle einen vollen Sack haben, Herr Florian", sagt Martin.

„Na, wenn ihr meint! Dann noch viel Erfolg!" ruft Herr Florian und schließt freundlich hinter ihnen die Ladentür.

Sie gehen an diesem Abend noch in viele Geschäfte, in den Laden von Oma Klein, in das Geschäft von Möllers, und sogar beim Musiklehrer Lautstark klingeln sie und bekommen gekochte Eier. Später schließen alle Geschäfte, und es wird still in den verschneiten Straßen. Manchmal treffen sie andere Könige, und sie schauen sich gegenseitig neugierig in die prallgefüllten Säcke.

Endlich kommt Martin nach Hause. Vater steht schon in der Haustüre und begrüßt seinen kleinen Mohrenkönig. Auf dem Küchentisch leert Martin vorsichtig den Sack aus und betrachtet mit seinen Eltern glücklich die Schätze.

„Jetzt braucht Martin vier Wochen lang nichts zu essen von uns!" sagt Vater augenzwinkernd zu Mutter. Alle schauen sich an und lachen.

Rainer Hohmann

Dreikönigslieder singen – einen Umzug mit den drei Königen gestalten – Hinweis auf die Namen der Könige – Welche Zeichen (Buchstaben) schreiben sie über die Tür? Was bedeuten sie?

Der zweite Stern

Markus ist geistig behindert. Als einmal die Gruppenleiterin sechs Kindern erlaubt, sich als Könige zu verkleiden, um dann hinter dem Stern beim Dreikönigsumzug herzugehen, versteht Markus die Welt nicht mehr. Er denkt: Die drei Könige haben einen Stern. Folglich müssen sechs Könige, also zweimal drei Könige auch zwei Sterne haben. So zieht Markus als zweiter Stern vor den Königen her. Die Geschichte ist authentisch.

Weihnachten ist schön. Aber der 6. Januar, der Dreikönigstag, ist für Markus noch viel, viel schöner. Jedes Jahr geht er bei den Sternensingern mit. Jedes Jahr trägt Markus den Stern. Begonnen hat das so:

Alljährlich zum Fest der Heiligen Drei Könige ziehen die Jugendgruppen der Pfarrei St. Elisabeth in Köln-Pesch von Haus zu Haus, singen und musizieren und tragen ihre Sprüchlein vor. Drei Kinder jeder Gruppe sind als Könige verkleidet: Kaspar, Melchior und Balthasar. Ein Kind geht vor ihnen her und trägt einen leuchtenden Stern.

Die Sternsinger sammeln dabei Geld für die Patengemeinde in Payukulam in Indien.

Markus hat die Sternsinger immer sehr freudig erwartet und seine Eltern ermuntert, nur »große Scheine« zu spenden.

Vor einigen Jahren nun geschah es, daß sich unter den Sternsingern sechs Könige befanden, das hatte die Gruppenleiterin erlaubt, weil nicht nur drei, sondern sechs Kinder Könige sein wollten. Gut und schön! Nur dem Markus paßte das überhaupt nicht. Er stellte traurig fest: »Das sind sechs Dreikönige. Sie haben aber nur einen einzigen Stern!«

Von dieser Zeit an wünschte sich Markus sehnlichst einen Stern auf einem dicken Stock. Er wünschte sich den Stern so lange, bis endlich Onkel Willi ihm einen Stern bastelte und an einem Stock befestigte.

»So!« sagte Markus entschlossen. »Jetzt gehe ich mit den sechs Dreikönigen!« Markus war fest davon überzeugt, daß immer drei Könige auch einen Stern brauchen. Also mußten zweimal drei Könige auch zwei Sterne haben.

Zuerst lachte die Gruppenleiterin, als sie hörte, daß Markus als zweiter Stern mitgehen wollte. Aber weil auch die anderen jungen Leute die Idee sehr lustig fanden, waren sich bald alle einig: Markus sollte am Dreikönigstag als zweiter Stern mitgehen dürfen!

Markus probte schon wochenlang vorher zu Hause. Und wirklich, am 6. Januar ging er in einem langen Gewand mit dem Stern vor den Königen her. Seitdem gibt es in Köln-Pesch immer zwei Sterne, die vor den Sternsingern herziehen.

Auch im letzten Jahr war Markus viele Stunden mit seinem Stern unterwegs. Als er abends erschöpft ins Bett sank, strahlte er und flüsterte stolz:

»Lieber Gott, ich habe dich lieb! Ich habe es geschafft! Ich bin ein Stern!«

Etwas sollte man zu dieser Geschichte noch sagen: Sie ist wirklich wahr. Markus ist 16 Jahre alt und geistig behindert (mongoloid). Er freut sich schon auf den nächsten Dreikönigstag und auf seinen Stern. Und mit ihm freuen sich viele Leute.

Nach einem Bericht von Aloysia Macholz, der Mutter von Markus.

Rolf Krenzer

Über den Tag der Heiligen Drei Könige sprechen, vom Dreikönigsumzug. Ausführliche Informationen in R. Krenzer: Weihnachten im Kindergarten, Edition Kemper im Verlag Ernst Kaufmann, Lahr.

Die beiden Weihnachtsesel

Weihnachtslegenden

Die beiden Weihnachtsesel

Als die beiden Esel zum Stall kommen, um das Kind im Stroh zu finden, sind Josef und Maria längst mit Jesus auf dem Weg nach Ägypten. Weil sie aber an das glauben, was hier geschehen ist, werden sie so stark, daß es ihnen gelingt, besser mit den Nöten ihres Esellebens fertig zu werden. Das muß sogar ihr hartherziger Herr, der Müller, spüren.

Vor zweitausend Jahren lebten in Betlehem zwei kleine Esel, ein brauner und ein grauer.

Sie gehörten einem Müller, dessen Knechte ihnen den ganzen Tag keine Ruhe ließen. Von früh bis spät schleppten sie Säcke voll Korn und Mehl von einem Ort zum andern. Wenn sie einmal stehenblieben, um eine Blume zu betrachten oder über eine Wolke am Himmel zu staunen, wurden sie mit Schlägen weitergetrieben.

Die zwei kleinen Esel beneideten die Katze, den Hund und die Hühner, die nichts anderes zu tun hatten, als Mäuse zu fangen, die Mühle zu bewachen und Eier zu legen. Ach, klagten sie, Gott, der Schöpfer, hat es mit den Eseln schlecht gemeint. Uns hat er dazu bestimmt, Lasten zu tragen und den Menschen zu dienen.

Doch eines Tages in der Morgendämmerung kamen ein paar Hirten bei der Mühle vorbei und erzählten, was sie in der Nacht erlebt hatten. In einem Stall in der Nähe Betlehems war ein Kind geboren, in einer Krippe, arm und bloß. Engel hatten gesungen, und sogar drei Könige, von einem Stern geführt, hatten den Weg zu ihm gefunden. Es ist Christus, unser Retter, sagten die Hirten, ein neuer König, der auch die Hilflosen von ihren Lasten befreien wird.

Die beiden kleinen Esel horchten auf. Ein König, der auch die Hilflosen von ihren Lasten befreien wird, ist auch unser König, dachten sie.

Und unbemerkt von den neugierigen Knechten machten sie sich auf, um ihn zu suchen.

Die Fußspuren der Hirten und der Schafe zeigten ihnen den Weg.

Aber als sie endlich zu dem Stall kamen, war er leer. Ein kalter Wind blies durch die Ritzen, und von dem Wunder dieser Nacht war nichts übriggeblieben als ein von vielen Füßen zertretener Boden, eine Kuhle im Stroh und der letzte Hauch eines Duftes von Weihrauch und Myrrhe.

Sie konnten nicht wissen, daß es ein Esel war, der, nun von Josef geführt, ohne zu murren und mit schnellem Schritt Maria mit dem Kind davontrug und vor den Häschern des Herodes rettete.

In diesem Augenblick nämlich kam der Müller mit einem Stock dahergelaufen. Hier finde ich das Lumpengesindel! Marsch, an die Arbeit! schrie er.

Und die beiden kleinen Esel konnten nichts anderes tun als gehorchen. Sie kehrten in die Mühle zurück und schleppten weiterhin die schweren Säcke von einem Ort zum andern.

Was die Hirten erzählt haben, ist Lug und Trug, sagte der kleine braune Esel und seufzte unter seiner Last. Ich glaube daran, sagte der kleine graue Esel und spürte plötzlich, wie seine Last leichter wurde.

Und die Säcke auf deinem Rücken? Wo bleibt nun der König, der auch die Hilflosen von ihren Lasten befreit? fragte der braune.

Er nimmt mir die Last nicht ab, antwortete der graue, aber er gibt mir die Kraft, sie zu tragen. Darum gib mir auch deine Säcke.

Der kleine braune Esel staunte.

Und der Müller?

Jedesmal, wenn er seinen Stock erhob, um zu schlagen, fing er in seiner Hand an zu brennen.

Ich brauche ihn nicht mehr, sagte er und warf ihn weg. Und so hatte auch er, ohne es zu wissen, sich aufgemacht, an ein Wunder zu glauben, das er nicht mit eigenen Augen gesehen hatte.

Max Bolliger

Die Legende im Spiel darstellen, auch als Schattenspiel. – Die beiden Esel im Stall (Reißarbeit aus Buntpapier; Collage mit verschiedenen Stoffen, Transparentbild usw.)

Ein Duft von Weihrauch und Myrrhe

Viele haben es schwer, den Hirten zu glauben, was sie in der Nacht im Stall erlebt haben. Aber ein Tauber und ein Blinder machen sich auf den Weg. Weil sie glauben, sieht der Blinde den Himmel offen und der Taube hört die Engel singen.

Erfüllt von dem, was sie im Stall gesehen und gehört hatten, kehrten die Hirten am frühen Morgen nach Betlehem zurück. Aber es gelang ihnen nicht, die Menschen auf dem Markt von dem Wunder, das ihnen widerfahren war, zu überzeugen.

Die Frau eines Zimmermanns, die in einem Stall ihr Kind zur Welt bringt!

Was soll daran Besonderes sein!

Ich habe den Himmel offen gesehen, beteuerte einer der Hirten.

Und ich habe die Engel singen gehört, sagte ein zweiter.

Gelobt sei Gott, der Retter ist da! rief ein dritter.

Ihr wollt uns zum Narren halten, schrien die Leute. Wo sind die Beweise? Macht, daß ihr fortkommt, aufs Feld zu den Schafen, wo ihr hingehört!

Nur zwei Bettler, ein blinder und ein tauber, machten sich auf zu dem Stall, in dem Christus geboren war, über dem der Himmel offengestanden und Engel gesungen hatten.

Aber als sie zu dem Ort kamen, waren Maria und Josef mit dem Kind schon längst auf der Flucht vor den Häschern des Herodes, und von dem großen Glanz war auch nicht ein Schimmer übriggeblieben.

Was siehst du? fragte der Blinde den Tauben.

Ach, sagte der Taube, ich sehe nur die Sonne zwischen den Wolken.

Oh, das ist mir genug, sagte der Blinde.

Und was hörst du? fragte der Taube den Blinden.

Ach, sagte der Blinde, ich höre nur den Wind in den Bäumen.

Oh, das ist mir genug, sagte der Taube.

Im Stall fanden sie nichts als eine leere Krippe. Über der Krippe aber hing noch immer ein Duft von Weihrauch und Myrrhe. Sie atmeten ihn ein und verharrten in der Stille, bis auch der letzte Rest verschwunden war.

Sie glaubten, der eine, was er nicht hören, und der andere, was er nicht sehen konnte.

Und als die beiden Bettler wieder vor den Stall traten, sah der Blinde den Himmel offen, und der Taube hörte die Engel singen, denn sie waren die ersten, denen ihr Glaube geholfen hatte.

Darum gingen auch sie hinaus und verkündigten:

Gelobt sei Gott, der Retter ist da!

Max Bolliger

Mit verbundenen Augen ertasten und riechen, woran wir erkennen, daß bald Weihnachten ist. – Gesprächsimpuls: Der Blinde glaubt dem Tauben, und der Taube glaubt dem Blinden. Einer glaubt dem anderen. Sie vertrauen einander. Was wissen wir heute noch von damals, als Jesus geboren wurde? Warum feiern wir trotzdem Weihnachten? Riechen wir auch den wohlriechenden Duft heute noch, den damals die Könige in den Stall brachten?

Die Legende von dem Geschenk der drei Könige

Die drei Weisen spüren, daß das Kind in der Krippe mit den wertvollen Geschenken, die sie ihm mitgebracht haben, im Augenblick wenig anfangen kann. Da versucht jeder auf seine Weise ihm zu zeigen, wie lieb er es hat. Der dritte König aber beginnt als allererster im Stall zu singen. Seitdem sind viele Weihnachtslieder entstanden, die Jahr für Jahr zu Weihnachten gesungen werden.

Damals, als die drei Könige den Stern am Himmel erblickt hatten, der von der Geburt des Königs des Himmels und der Erde erzählte, da machten sie sich gleich auf, um zu ihm zu reisen und ihn anzubeten. Und weil sie diesem neugeborenen König große Ehre erweisen wollten, deshalb nahmen sie auch kostbare Geschenke für ihn mit.

Der Weg war weit. Doch sie vertrauten dem Stern, der ihnen nachts deutlich zeigte, wohin sie gehen mußten.

So kamen sie endlich auch in Betlehem an und standen dann in dem Stall um die Krippe herum und mußten erkennen, daß Gottes Sohn, der König des Himmels und der Erde, hier im Stroh in einer Futterkrippe lag. Ein winziges Kind, um das sich Maria und Josef sorgten, und zu dem die Ärmsten der Armen gekommen waren, um es zu begrüßen und anzubeten.

Umständlich packten die drei Könige die Geschenke aus, die sie dem Kind mitgebracht hatten: Gold, Weihrauch und Myrrhe. Aber als sie dann das kleine Kind in der Krippe anschauten, da wußten sie wohl, daß das Kind jetzt nichts, aber auch rein gar nichts damit anfangen konnte. Was soll schon ein Säugling mit Gold, Weihrauch oder Myrrhe anfangen?

Doch die Könige waren nicht nur klug und weise, sondern hörten auch auf das, was ihnen ihr Herz sagte. Wie hätten sie sonst auch den Stern am Himmel erkennen und deuten können!

So luden sie ihre kostbaren Schätze in einem Winkel im Stall ab und beugten sich dann über die Krippe. Der erste König strich dem Kind zart über den Kopf und sagte ihm, wie sehr sie sich alle freuten, daß nun der König des Himmels und der Erde hier vor ihnen lag. Der zweite König hob das Kind aus seiner Krippe heraus, drückte es an sich und streichelte es ganz zart. Der dritte König aber nahm es auf seinen Arm, schaukelte das Kind ganz leicht und behutsam hin und her und begann dazu leise zu singen. Bald sangen auch die beiden anderen Könige mit.

Und so sangen sie in dem Stall dem Kind ein Lied, das davon erzählte, wie sehr sich alle über dieses Kind freuten. Die Melodie und der Gesang der drei waren aber so schön, daß bald auch Maria und Josef und alle, die im Stall dabei waren, leise mitsangen. Und das Kind auf dem Arm des dritten Königs lächelte, weil es spürte, wie lieb sie alle es hatten.

So haben die drei Könige einst im Stall von Betlehem das erste Weihnachtslied gesungen. Das war ihr Geschenk, und es machte alle im Stall froh.

Bis zum heutigen Tag singen wir Weihnachtslieder, weil wir uns so sehr wie die drei Könige damals freuen.

Rolf Krenzer

Weihnachtslieder raten. – Sich an Weihnachtslieder erinnern, die man kennt. – Welche Lieder hätte man damals im Stall schon singen können? – Wir singen alte und neue Weihnachtslieder. – Was mag der dritte König gesungen haben?

Ein alter Stall erzählt

Kleine Legende um den Weihnachtsstall

Wenn der alte Stall von Betlehem sprechen könnte, dann würde er vielleicht so erzählen:

„Ich bin schon recht alt. So manche Kuh, so manchen Esel und so manches Schaf hab' ich beherbergt. Tausend Geschichten könnt' ich davon erzählen. Doch will ich dir nur eine erzählen. Und willst du sie hören, dann spitze die Ohren!

Vor vielen Jahren, eine Kuh war gerade bei mir, öffnete sich meine Stalltüre. Das geschah häufiger. Ich war daran gewöhnt und gespannt, ob man mir eine zweite Kuh oder einen Esel oder ein Schaf bringen würde. – Ein Esel kam. Doch er war nicht allein. Eine Frau und ein Mann folgten ihm. Die Frau und der Mann richteten sich mit meinem Stroh ein Nachtlager her. Darüber wunderte ich mich. So viele Jahre hatte ich schon als Stall gedient, doch Menschen hatte ich noch nie beherbergt.

Ich nahm mir vor, gut achtzugeben, was die beiden einander erzählen würden. Der Mann, erfuhr ich, hieß Josef und die Frau Maria. Sie kamen aus der Stadt Nazaret. Zu mir nach Betlehem waren sie gewandert, weil der Kaiser es befohlen hatte. Der Weg von Nazaret nach Betlehem war weit und, obwohl der Esel sie einen Teil des Weges getragen hatte, beschwerlich und mühselig. Besonders für Maria, die bald ein Kind bekommen sollte. Als ich das hörte, wurde ich aufgeregt. Wohl hatte ich gesehen, wie Kühe, Esel und Schafe auf die Welt kommen; aber nun sollte ein Menschenkind geboren werden. Und das war etwas Besonderes! Josef sagte: „Das Kind, das Maria auf die Welt bringen wird, soll Jesus heißen!“

Hoch oben am Himmel stand ein Stern. So groß und schön, wie ich vorher noch nie einen gesehen hatte. Er leuchtete klar und hell. Die Dunkelheit der Nacht verschwand. Es war, als hätten sich Tausende von Kerzen entzündet. Mir wurde sehr feierlich zumute und ich dachte an das Kind, das Jesus heißen sollte. Diesem Kind würde ich nicht einmal ein Bett bieten können. Ich war arm und klein, erbärmlich klein. Und ich roch nach Kuh. Ich schämte mich.

Das Jesuskind kam zur Welt. Maria legte es in meine Futterkrippe, aus der gewöhnlich die Tiere ihr Futter fraßen. Jetzt lag das Kind in der Krippe und lächelte. Da schämte ich mich nicht mehr. Denn mit einem Male fühlte ich mich so groß, als würde ich tausend Kühe, tausend Esel und tausend Schafe beherbergen. Und ich fühlte mich so prächtig, als wäre ich ein Schloß.

Damals war ich sehr glücklich. Und wenn ich an das Jesuskind denke, bin ich es auch heute noch.“

Elke Kolodzey

Schattenspiel, wobei die ausgeschnittenen Figuren mit farbigem Transparent hinterklebt werden. Zu Beginn sind nur die Umrisse des Stalls zu sehen. Im Verlauf des Erzählens oder Vorlesens kommen dann alle Figuren dazu, die in der Geschichte eine Rolle spielen. Es können zum Schluß auch noch viel mehr dazukommen, so daß am Ende ein großes farbiges Bild vom Stall und den vielen Menschen und Tieren zu sehen ist, die im Stall dabei waren. – Zu der Geschichte kann auch am Fenster ein buntes Transparentbild entstehen.

Die Weihnachtsspinne

Ausgerechnet einem Geschöpf, vor dem sich mancher ekelt oder fürchtet, wendet sich das Kind in der Krippe zu. Es liebt jedes Geschöpf, auch das, welches von anderen vielleicht als sehr gering angesehen wird.

„I, eine Spinne!“ Nele zog ihre Hand erschreckt zurück. An der Wand krabbelte eine kleine Spinne.

Da nahm die Großmutter Nele auf den Schoß und erzählte ihr eine Geschichte:

„Das Jesuskind lag in seinem Strohbettchen. Maria und Josef hatten die Augen geschlossen, um ein bißchen zu ruhen nach der langen Wanderung und all der Aufregung. Der Ochs und das Eselein schnauften ganz leise und schläfrig. Am Himmel leuchtete der helle Weihnachtsstern.

Alle kleinen Tiere, die gern im warmen Stroh überwintern, die Mäuschen, die winzigen Käfer, die Bienen und die Schnecken hatten das Kind in der Krippe schon begrüßt und waren in ihre Nestchen zurückgekrabbelt.

Nur eine kleine Spinne war im Stroh versteckt geblieben. Sie fürchtete, daß das Jesuskind sich erschrecken könnte. Als es nun gar so still in dem Stall war, faßte die kleine Spinne Mut und schob sich ganz leise und vorsichtig über den Rand der Krippe.

Das Jesuskind schaute mit wachen Augen um sich, steckte seine kalten Händchen unter das Schaffell, das ein Hirtenjunge ihm geschenkt hatte, und lächelte der Spinne zu.

Das kleine Tier spürte: Das Kind friert! Durch die Ritzen in der Tür wehte die kalte Nachtluft herein. Sogleich begann die Spinne ein dichtes Netz zu weben. Eifrig lief sie hin und her, auf und ab und zog Faden um Faden hinter sich her. Bald waren die Ritzen zugedeckt, durch die der Wind so kalt geweht hatte. Mit großen Augen hatte das Jesuskind der kleinen Spinne zugeschaut. Nun waren beide müde.

Das Spinnchen kroch ins Stroh zurück. Es war glücklich. Das Kind hatte dem scheuen kleinen Tier zugelächelt."

Nele rutschte von Großmutters Schoß. Wo war die kleine Spinne? Ganz oben unter der Zimmerdecke saß sie. „Das ist die Weihnachtsspinne", sagte Nele, „ich glaube, sie ist glücklich."

Hildegard Kronenberg

Die Legende kann im Schattenspiel nachgespielt werden. – Welche Tiere mögen wir, welche nicht? Warum ist das so? – Jesus wendet sich den Tieren zu. Auch der Spinne, von der eigentlich niemand etwas wissen will. Das ist das Besondere.

Hinkelchens Geschenk

Ein kleiner Junge findet den Weg zur Krippe. Weil er aber mit leeren Händen vor der Krippe steht, überlegt er, womit er dem Kind eine Freude machen könnte. So hüpft er um die Krippe herum.

In einem fernen Land lebte einst ein kleiner Junge, der hieß Hinkelchen. Hinkelchen hatte viel Freunde. Mädchen und Jungen, mit denen spielte und tobte er. Daß seine Freunde größer waren und schneller und viel schneller laufen konnten als er, das störte ihn nicht. Er konnte nämlich etwas, was seine Freunde nicht oder nicht so gut konnten. Hinkelchen konnte hüpfen, auf zwei Beinen, auf einem und von einem auf das andere. Es war eine Freude, ihm dabei zuzusehen.

Eines Tages, Hinkelchen war den ganzen Tag herumgehüpft, wurde er müde, so müde, daß er sich ins Bett legte. Doch obwohl Hinkelchen so müde war, konnte er nicht einschlafen. Es war schon dunkel geworden und Hinkelchen schlief immer noch nicht. Plötzlich wurde Hinkelchens Zimmer hell. Es wurde hell und heller. Da stand Hinkelchen auf und lief zum Fenster, um zu sehen, ob vielleicht der Mond ins Zimmer schien. Aber was oben am Himmel leuchtete und sein Zimmer so hell machte, war nicht der Mond, sondern ein wunderschöner großer goldener Stern. Einen solchen Stern hatte Hinkelchen noch nie gesehen, und er beschloß, ihn aus der Nähe zu betrachten. Leise schlich er sich aus dem Haus. Vater und Mutter sollten nicht merken, daß er sich so spät noch auf den Weg machte.

Bald hatte Hinkelchen den Stern erreicht. Der stand über einem Stall und leuchtete so hell, daß Hinkelchen kaum hinsehen konnte. ‚Was mag wohl in dem Stall sein', dachte Hinkelchen. Und weil er neugierig war, ging er hinein. Dort sah er eine Futterkrippe, in der ein kleines Kind lag. Als Hinkelchen das Kind sah, wurde er aufgeregt und dachte: „Das muß, das muß das Jesuskind sein, von dem mir Vater und Mutter so viel erzählt haben."

Das Jesuskind lächelte ihm zu und das Lächeln machte Hinkelchen sehr glücklich. Gerne hätte er dem Jesuskind etwas geschenkt, aber leider – er war mit leeren Händen gekommen. Hinkelchen überlegte, wie er dem Jesuskind eine Freude machen könnte und es fiel ihm ein zu hüpfen. Und dann hüpfte Hinkelchen um die Futterkrippe auf zwei Beinen, auf einem und von einem auf das andere und hüpfte so gut wie nie zuvor. Es war eben ein besonderer Tag, damals im Stall. Ein Tag an dem man schenken konnte, wie an keinem anderen Tag.

Elke Kolodzey

Warum singen und tanzen wir zu Weihnachten? – Einen Weihnachtstanz tanzen. Hierzu „Die Geschichte vom Weihnachtslicht" in R. Krenzer (Hrsg.): Weihnachten im Kindergarten, Edition Kemper im Verlag Ernst Kaufmann, Lahr. – Einen fröhlichen Weihnachtstanz (Weil heute wieder Weihnacht ist), den man auch mit allen zusammen bei der Weihnachtsfeier oder im Gottesdienst singen und tanzen kann, findet man auf der MC „Dann fängt Weihnachten an", bei Paul G. Walter, Eichenweg 15 a, 6905 Schriesheim.

Der erste Strohstern

Eine Legende um einen Hirtenjungen, der für das Kind in der Krippe einen Strohstern bastelt.

Als die Hirten damals nach Betlehem liefen, um im Stall das Kind zu sehen, nahmen sie auch Geschenke mit, die sie dem Sohn Gottes geben wollten. Jeder nahm das, was er für besonders gut und wichtig hielt: Ein warmes Schaffell, Schafskäse, Milch, Brot und ein Bund Holz zum Feuermachen und vieles mehr.

Nur ein junger Hirtenjunge wußte nicht, was er dem Kind mitbringen sollte. Er war so arm, daß er nichts besaß. Nur die Kleidung, die er auf seinem Leib trug, gehörte ihm. Aber die war so zerschlissen und armselig, daß er sie dem Kind nicht herschenken konnte.

So blieb er allein zurück und legte sich auf sein Strohlager und weinte. Als er aber einmal aufschaute, entdeckte er, daß plötzlich im Licht des großen neuen Sternes ein paar Strohhalme um ihn herum zu glänzen begannen. Sie lagen so zusammen, daß sie einen Stern bildeten.

Da wußte der Hirtenjunge, was er dem Kind schenken konnte.

Er nahm sein altes Taschenmesser und begann, die Strohhalme so zurechtzuschneiden, daß sie nach verschiedenen Seiten übereinandergelegt einen Stern bildeten. Dann drehte er aus Schafwolle einen Faden und knotete ihn um die Halme. So entstand ein schöner glänzender Strohstern.

Der Hirtenjunge hielt ihn an dem Wollfaden hoch und betrachtete ihn voller Freude. Der Strohstern glänzte und leuchtete im Licht des großen Sterns am Himmel. Da lief der Hirtenjunge so schnell er konnte hinter den Hirten her zum Stall. Er kam viel zu spät. Die anderen Hirten hatten ihre Geschenke längst übergeben. Aber als er dann dem Kind in der Krippe den Stern hinhielt, freuten sich alle über den Glanz, den dieser kleine Strohstern ausstrahlte.

Rolf Krenzer

Strohsterne basteln für Weihnachtspäckchen, für den Weihnachtsbaum, für das Fenster. Strohsterne als Symbole des Weihnachtssterns. – Verschiedene Sterne kennenlernen, z.Teil selbst basteln, z.B. Stern aus Stanniol, Herrnhuter Stern, Stern aus Transparentpapier usw.

Der uralte Hirt von Betlehem

Michas Großvater könnte einer der Hirten gewesen sein, die damals von der Geburt des Kindes im Stall erfuhren. In dieser Nacht, die so ganz anders war, lebten Menschen und Tiere in Frieden miteinander. Gottes Sohn ist zu allen Geschöpfen auf der Welt gekommen, um ihnen den Frieden zu bringen.

Micha möchte gern wissen, ob der Großvater an der Krippe in Betlehem dabeigewesen ist.

„O ja, ich war dort", sagt der Großvater. „Aber das ist lange her."

„Wann?" fragt Micha.

„Als ich noch ein Hirt war", sagt der Großvater.

„Hast du das geträumt?"

„Nein", sagt der Großvater, „das denke ich mir aus. Und wahrscheinlich bin ich ein Schafhirt gewesen."

„Ein Schafhirt in Betlehem?"

„Ja, so stelle ich mir das vor", sagt der Großvater. „Uralt war ich und sehr mißtrauisch. Deshalb dachte ich auch gleich an den Wolf."

„Warum an den Wolf?" fragt Micha.

„Hirten müssen immer an den Wolf denken. Hast du nie davon gehört?"

„Doch", sagt Micha. „Der Wolf schleicht nachts um die Herde und will eins von den kleinen Lämmern fressen, wenn keiner aufpaßt!"

Der Großvater nickt. „Deshalb sagte ich ja auch: Einer muß doch bei den Schafen bleiben, wenn ihr alle zur Krippe gehen wollt. Damit die Herde nicht ohne Schutz ist."

„Und du bist bei den Schafen geblieben?" fragt Micha.

„Ja", sagt der Großvater. „Ganz allein saß ich in der Hürde und stützte den Kopf in die Hände. Ein Feuerchen brannte, weil es kalt war in dieser Nacht. Um mich herum hatten die Schafe sich zusammengedrängt und ruhten sich aus. Manchmal hörte ich sie leise schnaufen."

„Und dann? Ist der Wolf dann gekommen?"

„Ja! Plötzlich stand er vor mir. Ich muß wohl doch ein wenig eingenickt sein. Da schreckte ich hoch und sah seine großen Augen."

„Was wollte der Wolf?"

„Er hatte gar keine Angst vor mir. Dicht heran kam er und fragte mit seiner rauhen Stimme: ‚Weshalb bist du nicht bei der Krippe?' Ich sagte: ‚Weil ich auf dich gewartet habe.' ‚Auf mich hast du gewartet?' fragte der Wolf. ‚Warum auf mich?' Ich antwortete: ‚Ich kenne dich doch. Ich weiß, daß du Hunger hast und daß du ein gefährlicher Räuber bist. Aber sieh dich vor! Ich leide es nicht, wenn du dich in die Herde einschleichst!' Dabei griff ich zu meiner scharfgeschliffenen Axt."

„Sah der Wolf wirklich so böse aus?" fragte Micha.

Der Großvater besinnt sich eine Weile. „Viele Wölfe habe ich gekannt, solange ich Schafhirt war. Nie habe ich etwas anderes gehört, als daß sie Bösewichte sind. Aber seltsam, dieser Wolf kam mir anders vor. Scheu blickte er mich an und schwieg. Deshalb fragte ich ihn: ‚Bist du denn nicht gekommen, mir ein Schaf oder ein Lamm wegzurauben?' Der Wolf schüttelte den Kopf. ‚Nein', sagte er, ‚ein Schaf hätte ich doch längst rauben können, während du schliefst. Meinst du nicht, alter Hirt?' Ja, müde und wenig wachsam war ich, das mußte ich zugeben. Ich stellte die Axt auf die Seite. Fast schämte ich mich vor dem grauen, zottigen Tier. Ich sagte: ‚Das begreife ich nicht, Wolf. Weshalb bist du denn heute so anders?'"

„Und was sagte der Wolf?"

„‚Diese Nacht ist doch auch anders', sagte er. Eine hochheilige Nacht hat er sie genannt, oder so ähnlich. Ich fragte ihn, woher er denn das so genau wüßte. ‚Oh', sagte der Wolf, ‚der Stern war sehr groß, und der Engel stand leibhaftig auf der Erde. Hast du beides nicht bemerkt?' Ich sagte: ‚Uralte Hirten sind schwerhörig und fast schon blind. Mißtrauisch sind sie obendrein.' Da kam der Wolf noch näher ran und sagte: ‚Du mußt nach Betlehem gehen, du schwerhöriger Hirt! Denn ich bin auch im Stall an der Krippe gewesen. Daher weiß ich, daß dies eine besondere, eine hochheilige Nacht ist!'"

Micha sagt: „Hat der Wolf das Jesuskind gesehen?"

„Ja, er hat es gesehen, mit Maria und Josef. Dicht vor der Krippe hat er gestanden. Um ihn herum die Hirten. Und Ochs und Esel und viele andere Tiere: Katze und Maus, Fuchs und Hase, Löwe und Lamm. Sie alle hockten friedlich nebeneinander, behauptete der Wolf. Keins hat das andere gefressen. Nein, in dieser hochheiligen Nacht waren sie alle wie Bruder und Schwester."

„Schade", sagt Micha, „daß es nicht immer so blieb!"

„Recht hast du!" ruft der Großvater. „Und recht hatte auch der Wolf. Geh ohne Sorge, sagte er, ich will, solange du fort bist, auf die Schafe und Lämmer achtgeben. Damit ihnen nichts Böses geschieht."

„Bist du dann hingegangen, Großvater?"

„Ja, ich bin zur Krippe gegangen und habe das Jesuskind gesehen."

„Und der Wolf hat die Schafe gehütet?"

Der Großvater lacht. „Was meinst du, so etwas Merkwürdiges habe ich noch nie erlebt, so uralt ich auch war. Bedenke doch, Micha: ein Wolf als Schafhirt! Nein, unmöglich kommt mir das vor, sooft ich daran denke. Und es ist trotzdem wahr."

Rudolf Otto Wiemer

Gemeinschaftsarbeit: Die Tiere an der Krippe.

Im Stall

Im Stall, in dem Jesus geboren wird, hat eine Katze ihr Versteck für ihre Jungen.

Die Katze hat sich ganz hinten im Stall ein Nest gebaut. Hier fühlt sie sich sicher und braucht nicht zu befürchten, daß die Menschen ihre Katzenkinder finden und sie ihr wegnehmen.

Drei kleine schwarze Kätzchen hat sie in der Nacht geworfen. Die liegen nun warm im Nest und haben es gut.

Den großen Ochsen stört es nicht, daß die Katze mit ihren Kindern bei ihm eingezogen ist. Und die Menschen kommen immer nur kurz herein, um den Ochsen zu füttern und ihm frisches Wasser zu geben.

Aber spät am Abend wird plötzlich die Stalltür geöffnet und zwei wildfremde Menschen treten ein. Ein Mann und eine Frau. Die Katze flüchtet sogleich in den hintersten Winkel und beobachtet, was geschieht. Die Frau läßt sich erschöpft auf dem Stroh nieder, während der Mann noch einmal hinausgeht und dann einen Esel in den Stall hineinführt. Der Ochse rückt ein wenig zur Seite und sieht zu, wie der Mann dem Esel frisches Wasser in eine Schüssel schüttet. Er legt ihm auch einen Bund Heu vor, und der Esel beginnt sogleich zu fressen. Dann blickt der Mann sich suchend im Stall um. Die Katze kauert sich zusammen und rührt sich nicht. Lange Zeit steht der Mann vor der Futterkrippe und betrachtet sie von allen Seiten. Dann nimmt er ein Tuch, befeuchtet es mit Wasser und säubert die Krippe gründlich. Er spricht mit der Frau und polstert dann die Krippe mit Stroh aus.

Als die Katze merkt, daß ihr die beiden Menschen nichts zuleide tun wollen, schleicht sie zu ihren Kätzchen, die schon wieder Hunger haben und trinken wollen. Sie bleibt auch ganz ruhig, als der Mann an das Nest tritt und sie und die Kätzchen an ihren Zitzen betrachtet. Nein, vor diesen Menschen braucht sie sich nicht zu fürchten.

„Hier wohnt auch eine Katze mit drei niedlichen Kätzchen!" sagt der Mann leise zu der Frau.

„Das ist gut!" antwortet die Frau und drückt sich fest an den Mann.

Als die Katze sicher ist, daß ihren Kätzchen nichts passieren wird, verläßt sie den Stall durch einen Spalt, den nur sie allein kennt. Sie läuft zum Bauern, um die Milch zu trinken, die er ihr jeden Abend hinstellt.

Satt und zufrieden hockt sie jetzt auf dem Dach des Stalles. Sie ahnt nicht, daß in diesem Stall heute nacht ein Kind zur Welt kommen wird. Dieses Kind wird Jesus heißen.

Rolf Krenzer

Geschichten von Tieren im Stall hören. – Lieder, die von Tieren im Stall erzählen. – Bilder, die Tiere im Stall zeigen, betrachten. – Selbst ein Bild malen.

Kein Zimmer für arme Leute

Als Maria und Josef keine Unterkunft mehr in Betlehem finden, führt sie ein Kind zu dem alten Stall, in dem in der Nacht Gottes Sohn geboren wird.

Es ist fast dunkel, als Josef und Maria in Betlehem ankommen.

„Ihr seid spät dran!“ sagt ein Junge am Straßenrand und blickt Maria mitleidig an. „Die Gasthäuser sind schon alle voll bis unters Dach.“

„Wir werden sicher noch einen Platz finden“, sagt Josef.

Der Junge macht ein bedenkliches Gesicht.

„Heute sind Leute gekommen“, sagt er, „denen sah man es schon von weitem an, daß sie reich sind. Und sie haben trotzdem kein Zimmer mehr bekommen.“

Als er bemerkt, wie Josef erschrickt, fügt er hinzu:

„Aber vielleicht habt ihr Freunde, bei denen ihr wohnen könnt?“

Josef schüttelt den Kopf.

„Dann sieht es schlecht für euch aus“, erklärt der Junge.

„Ich würde euch ja mit zu uns nach Hause nehmen. Aber bei uns ist auch schon alles belegt. Ich wußte gar nicht, daß wir so viele Verwandte haben!“

Maria hat still zugehört. Ihr tut Josef so leid, der nun doch recht bekommt mit all seinen Befürchtungen. Sie zieht ihr Tuch enger um die Schulter. Ganz erschöpft sieht sie aus nach dem langen Tag. Sie möchte nichts weiter als schlafen und vergessen. Aber wer nimmt schon eine fremde Frau auf, der man ansieht, daß sie in allernächster Zeit ein Kind bekommen wird?

„Da fällt mir ein“, sagt der Junge plötzlich, „daß wir auch noch einen Stall haben. Er ist zwar alt und ein bißchen baufällig. Aber es ist warm dort, und es gibt Heu und Stroh.“

Josef seufzt.

„Ein Stall!“ denkt er. „Und in Nazaret steht unser Haus. Wir könnten es ruhig und gemütlich dort haben.“ Warum nur mußte der Kaiser diesen unsinnigen Befehl ausgeben?

„Mein Vater hat sicher nichts dagegen, wenn ihr in unserem Stall schlaft“, sagt der Junge. „Es ist auf jeden Fall besser als nichts.“

Da reicht Maria dem Jungen die Hand.

„Wir danken dir von ganzem Herzen“, sagt sie leise.

„Ich zeige euch den Stall!“ ruft der Junge. „Oder nein: ich führe euch hin!“

Rolf Krenzer

Text als Vorlage zu einem Rollenspiel.

Der Händler Ahas

Der Händler Ahas läuft mit, als er von den Hirten hört, daß im Stall der König der Welt geboren sein soll. Aber dann beginnt er doch zu zweifeln und geht wieder, als er all die Armut im Stall sieht.

Seltsam, daß ihm später dann drei reiche Leute begegnen, die auch auf dem Weg zum Stall sind.

Als die Hirten mitten in der Nacht nach Betlehem kommen, um zu dem Kind in dem Stall zu laufen, da wird mancher von dem Lärm der Menschen und Schafe geweckt. So wird auch der Händler Ahas wach.

„Jetzt werden sogar die alten Leute schon toll!“ sagt er zu dem alten Matthias, als er ihn unter den Hirten und Schafen entdeckt.

„Wenn so etwas passiert, dann ist keiner zu alt, um sofort loszuziehen!“ sagt der alte Hirte bedeutungsvoll. Er macht den Händler neugierig, so daß er auf die Straße läuft und sich bemüht, den alten Matthias einzuholen. Als er ihn endlich erreicht, fragt er: „Sag mir, warum habt ihr es alle so eilig?“

„Im Stall dort draußen wurde heute nacht der König des Himmels und der Erde geboren!“ sagt der Hirte und geht mit großen Schritten weiter.

„Und woher wollt ihr das wissen?“ ruft der Händler und bemüht sich, mit dem alten Matthias Schritt zu halten.

„Die Engel haben es uns heute nacht gesagt!“ Da bleibt Ahas stehen, faßt sich an den Kopf und macht sich wieder auf den Heimweg. Aber da taucht Eli vor ihm auf. Eli ist dem Händler gut bekannt. Schon oft war er bei ihm im Laden. Eli ist ein Mann, mit dem man sprechen kann. Er hat seine fünf Sinne beieinander. Dem Eli kann man glauben, was er sagt.

„Euer alter Matthias redet aber heute Unsinn!“ ruft Ahas dem Eli zu.

„Willst du auch mitkommen?“ fragt Eli, ohne auf seine Bemerkung einzugehen. „Ich kann dir sagen, so etwas haben wir noch nie erlebt! Die Engel schicken uns hierher, um Gottes Sohn zu begrüßen.“

„Ihr wollt zu dem Stall?“ fragt Ahas ungläubig.

„Ach, du weißt auch schon davon!“ ruft Eli voller Freude. Wir bringen ein paar Geschenke mit. Die Leute dort sind bettelarm. Da kann man nicht mit leeren Händen kommen!“ Er mustert den Händler kurz von der Seite und fragt dann: „Was bringst du dem Kind mit?“

„Das habe ich doch tatsächlich vor lauter Aufregung zu Hause liegengelassen!“ meint der Händler und tut so, als wäre er über sich selbst sehr ärgerlich. „Man ist einfach zu vergeßlich! Aber ich will gleich zurücklaufen und es holen. Ich komme hinter euch her!“ Damit läuft er so schnell er kann zurück und weckt zu Hause seine ganze Familie auf.

„Den Eli kenne ich schon lange", meint er. „Dem muß man einfach glauben!" Dann packt er mit seiner Frau Mehl, Eier und auch ein Stück Geräuchertes in einen Korb. Dazu einen Krug Öl. Und bald darauf eilt er mit seiner ganzen Familie hinter den Hirten und der Herde her.

Es sind nicht die einzigen Leute, die von dem Kind in dem Stall erfahren. Wenn die Hirten gefragt werden, so geben sie bereitwillig Auskunft. Da gibt es Leute, die nur verwundert den Kopf schütteln. Andere aber laufen hinter den Hirten her: Einige zuerst ungläubig wie Ahas; andere, weil sie neugierig sind und sich eine Sensation erhoffen; und wieder andere, die glauben, was die Hirten berichten.

Als alle vor dem Stall ankommen, hebt der alte Matthias die Hand und gebietet, stehenzubleiben.

„Ob man die Leute wirklich mitten in der Nacht stören kann?" fragt der Andreas, der neben ihm steht. „Vielleicht haben die Engel nicht bedacht, daß wir unverzüglich aufbrechen und uns sehr beeilen!"

„Wer kommt schon sonst so früh zu Besuch?" meint Andreas und kratzt sich hinter den Ohren. „Es hat noch nicht einmal ein Hahn gekräht, um den Morgen anzukündigen."

„Sieh nur, sie haben Licht brennen!" flüstert der alte Matthias und zeigt auf die Tür und die Risse daneben. „Dann werden sie wach sein!" Er geht leise zur Tür und klopft.

Es dauert nicht lange, da wird die Tür von Josef geöffnet.

„Wir wollen das Kind begrüßen und ihm alles Gute wünschen!" sagt der alte Hirte und ist sich ganz sicher, daß das Kind in der Futterkrippe liegen wird.

„Ihr wißt es also schon!" Voller Freude öffnet Josef die Tür, so weit er nur kann. „Kommt herein! Kommt nur herein! Ihr werdet Gottes Sohn im Stall finden!"

Dann wendet er sich um und ruft: „Maria, wir bekommen Besuch! Es wissen schon viele, daß Jesus geboren wurde!"

In der Heiligen Nacht stehen die Hirten an der Krippe und berichten alles, was ihnen die Engel gesagt haben: „Die Engel brachten uns die gute Nachricht. Sie sagten, daß hier in Betlehem der König des Himmels und der Erde geboren wurde, der uns alle retten wird. Und als wir dastanden und nicht wußten, wie uns geschah, da schickten sie uns zum Stall!"

Es ist der alte Matthias, der als erster auf seine Knie fällt und zu dem Kind in der Krippe betet. Er dankt Gott, daß er diese Nacht noch erleben darf. Die anderen halten stumm Zwiesprache mit Gott und dem Kind, das vor ihnen in der Krippe liegt.

Der Händler Ahas aber überlegt, ob das nicht ein bißchen zu übereilt gewesen ist, daß er gleich hinter den Hirten her zum Stall gelaufen ist. Vielleicht wären auch die vielen Geschenke aus seinem Laden gar nicht nötig gewesen. Das Kind dort sieht wirklich nicht wie der König des Himmels und der Erde aus. Ehrlich gesagt, es sieht mehr nach nichts als nach einem König aus! Nun ja, er wird versuchen, so schnell wie möglich hier fortzukommen. Die Gesellschaft ist auch nicht die beste, die hier im Stall um ihn herumsteht. Ein paar Hirten, Davids Verwandtschaft, noch ein paar andere. Alles Leute, die ihm als Kundschaft lieb und wert sind. Aber zu den angesehenen Leuten in Betlehem gehören sie bestimmt nicht. Je länger er hier steht, um so mehr Bedenken hat er. Schließlich räuspert er sich und sagt stockend, daß zu Hause wichtige Dinge für ihn zu tun sind, daß es höchste Zeit ist zu gehen. Dabei denkt er, daß es doch zu dumm wäre, wenn ihn beispielsweise der Bürgermeister oder ein Wachsoldat in dieser Gesellschaft erblicken würde. In einer Gesellschaft von närrischen Hirten, die immer noch von den Engeln erzählen, die sie gesehen haben wollen.

Wenn es wirklich Gottes Sohn ist, der hier in der Krippe liegt, dann ist es ja gut. Und er, Ahas von Betlehem, war dabei. Aber wenn das alles nicht stimmt! Nein! Deshalb verabschiedet sich der Händler Ahas sogleich.

Aber auch die anderen gehen.

Die Hirten treiben ihre Herde zurück und danken Gott für das, was sie gesehen und gehört haben. Es war wirklich alles genauso, wie der Engel es ihnen gesagt hatte. Keiner wird diese Nacht vergessen. Auch der Händler Ahas nicht. Ausgerechnet Ahas wird nämlich von drei reichgekleideten Männern angesprochen, die wie Könige daherkommen.

„Ist hier das Kind geboren, das König des Himmels und der Erde genannt wird?“ fragen sie ihn. „Wir haben seinen Stern aufgehen sehen. Wir sind gekommen, um den neuen wahren König zu ehren!“

Aber sie warten die Antwort des Händlers gar nicht ab, denn jetzt sehen sie es ganz deutlich, daß der Stern über dem Stall steht.

„Hier ist es!“ rufen sie froh und eilen zu dem Stall mit dem Kind in der Krippe.

Rolf Krenzer

Aus der Geschichte ein Rollenspiel entwickeln. – Einstimmung zu einem Gespräch: Manche merken überhaupt nicht, warum wir Weihnachten feiern. Was haben die vielen Auslagen in den Schaufenstern, was haben Weihnachtsmänner und Tannenbäume eigentlich mit Weihnachten zu tun. Manch einem geht es wie dem Händler Ahas. Warum?

In Betlehem

In Betlehem, in Betlehem,
da weht ein kalter Wind.
Da liegt im nackten Krippenholz
das kleine Jesuskind.

In Betlehem, in Betlehem,
da brennt ein großes Licht.
Der Engel auf dem Felde steht,
der sagt: Fürchte dich nicht.

In Betlehem, in Betlehem,
da knien die Hirten all.
Da flöten und schalmeien sie
ihr Wiegenlied im Stall.

In Betlehem, in Betlehem,
da klingt ein leises Lied.
Da sind wir Kinder auch dabei,
zu sehn, was dort geschieht.

Rudolf Otto Wiemer

Quellenhinweis

Nachstehend aufgeführten Autoren und Verlagen danken wir für freundlich erteilte Abdruckerlaubnis:

Max Bolliger
S. 75 Sollte es das Christkind gewesen sein?, S. 140 Die beiden Weihnachtsesel, S. 141 Ein Duft von Weihrauch und Myrrhe – Rechte beim Autor –

Roswitha Fröhlich
S. 83 Wie Joschi zu seinem Meerschweinchen kam – Rechte bei der Autorin

Rolf Krenzer
S. 35 Bettina und der helle Stern, S. 148 Der erste Strohstern, S. 67 Weihnachtsgeschenke, aus: „Sternenadventskalender" – S. 151 Im Stall, S. 152 Kein Zimmer für arme Leute, aus: „Auf dem Hirtenfeld", © Verlag Ernst Kaufmann, Lahr
S. 16 Ursels Streichelbild, S. 137 Der zweite Stern, aus: „Alle Kinder warten auf Weihnachten" – S. 40 Machirs Heimkehr, aus: „Weihnachten ist nicht mehr weit" – S. 121 Doch ein Weg nach Kartula, aus: „Komm wir gehen Hand in Hand" – S. 153 Der Händler Ahas, aus: „David war auch dabei", © Lahn-Verlag, Limburg

Elke Kolodzey
S. 144 Ein alter Stall, S. 140 Hinkelchens Geschenk, aus: „Lese- und Erzählbuch zur Bibel, Kinder-Geschichten für Familie, Kindergarten und Schule", © Christophorus-Verlag, Freiburg, 1988

Gudrun Pausewang
S. 19 Lieber Opa, S. 22 „Wir sollten . . .", S. 25 Weihnachtsgedanken, S. 63 Was soll ich schenken, S. 65 Friede auf Erden, S. 126 Weihnachten heute, S. 132 Wer lebt am längsten? – Rechte bei der Autorin –

Mechtild Theiss
S. 21 Susanne aus Indien, S. 45 Onkel Sebastian, S. 50 Tanjas Mutprobe, aus: „Die Sternsinger kommen", © Verlag Ernst Kaufmann, Lahr

Rudolf Otto Wiemer
S. 149 Der uralte Hirt von Bethlehem, S. 156 In Bethlehem – Rechte beim Autor –